亂世孤魂

我與羅海星，
從惠吉西二坊二號
到唐寧街十號

周蜜蜜——著

題記

在紛雜繁亂的人世間，每一個會獨立思考的有所抱負的靈魂，都是獨一無二的孤獨靈魂。

周蜜蜜

名家推薦

羅海星和周蜜蜜成長於愛國家庭，父母輩有著備受尊重的愛國背景。可是，羅孚因政治事件在北京被軟禁十年，兒子海星在內地孤身犯險救人被捕，事件演變為國際事件。羅氏父子先後身陷囹圄，身為海星妻子和羅家媳婦的周蜜蜜精神上飽受折磨，但仍能奮筆寫出這本書，是對一個時代的見證。

——鄭明仁（香港作家、資深傳媒人）

周蜜蜜生逢亂世，其不平凡的經歷和周邊人物皆港人所關注者。書中迭記的秘辛，俱屬親歷親聞，彌足珍貴，是說好香港故事的典範之作。關心國情者不可不讀。

——許禮平（著名作家、編輯、收藏家）

我和蜜蜜、海星認識三十多年了，看了這部回憶錄，才知道在他們熱戀之時，時代的闇黑魔影其實無時無處不在。蜜蜜在這裡寫出了她和海星在種種磨難波折下那份不屈不撓、不離不棄的愛，令人為之動容。此外，要將內心最深處的聲音公諸於世，蜜蜜的勇敢令我刮目相看。

——舒非（詩人、資深文學編輯）

羅孚羅海星父子半世紀以來的經歷，是閱讀中國香港隱秘歷史的切入點，周蜜蜜的書是羅周兩家不為人知內幕最忠實的見證。

——林道群（香港著名出版人）

有真情，有史料，有文采，是一部令人低迴不已的念人憶事傑作！

——王璞（著名作家）

不是孤魂是孤星

孔捷生（中國作家，現居美國）

這個故事儼然夾在二十世紀末卷的書籤，一代人的生死歌哭被濃縮為個人敍事，如稜鏡折射出光譜。

為本書寫序，我都想不出能有更合適的人選。我是那個時代的過來人，不但和羅海星是摯友，亦與周蜜蜜家淵源極深。更有意思的是，我生命中的愛情火苗，也是在同一幢紅樓裡點燃的。說來話長，那就長話短說——

就在蜜蜜和羅海星熱戀之時，我也常到那幢紅磚洋樓走動，那裡住著一群香港左翼報系的子弟，被要求在國內接受社會主義教育。他們其實都是人質，少年時代就被迫和父母分開。此舉實屬殘忍，但彼時誰人不是如此？我因文革失學，十五歲被發配到天涯海角當知青。關於這輩人的嚴酷青春，見諸周蜜蜜的生動記敍。

我揮別知青生涯回城，文革尚未結束。我出入那幢紅樓，只緣裡面住著同在海南島打拼過的知青朋友，那種情份有如被砍傷的生命之樹長出的瘤結。那時我就認識了羅海星，他是這群香港左翼子弟的帶頭大哥。他把這紅樓亭閣命名為「孤魂亭」，就像讖語，標註了他命中那道坎。

我和惠吉西二坊另有淵源。這幢結合嶺南古建築風格的洋樓，在廣州有好幾處風格相似的樓群，我就住在米市路金城巷另一處紅樓。那時我並不曉得，這些民國時期的華僑居屋，均由金城建築公司建造，而我的曾外祖父就是這個公司的最大股東。改朝換代後，迫於政治重壓，上一輩對這段家史閉口不提，我這曾外孫竟無從得知。此為那個陰沉年代的一個小註腳。

我就在這幢紅樓認識了未來的妻子，她是北京到延安插隊的知青，在那陰沉的年頭鬱悶難已，便來廣州散心。接待她的閨蜜就是紅樓子弟。我和北京女孩初識並迅速相戀，與羅海星周蜜蜜的故事線索幾乎同步。「孤魂亭」並不孤獨，它的讖語魔力留待其後歲月才會應驗。

變天了，撕裂烏雲的陽光改寫了我們的人生。紅樓子弟都鬆綁回歸香港，如魚躍淵。周蜜蜜和我都成了作家，我婚後長住北京。沒想到，羅海星也被港府派駐北京，成為英治時期香港駐京首席貿易代表。我們再續紅樓之誼，他不時請我到建國飯店飽啖粵菜，聊解舌尖上的鄉愁。他還提供精神食糧，原來他喜看西片，家人把香港明珠台播放的電影錄下來，他每次回京都帶來一堆錄影帶，看完就輪到我看。當然還有海外報刊，如同遠方吹來濕潤的海風……這個年代很快就要結束了。

二十世紀是充滿戰爭、革命、饑饉、動亂的一百年，我和海星生於上世紀中葉這一輩，只經歷過後五十年，卻已刻骨銘心。光陰流轉到八十年代末，一個大時代又呼嘯而至。人類文明脈搏的跳動是同步的，到了某個節點鐘聲便會響起。它不會在所有地方都成功，率先敲響巨鐘的通常是失敗者，因為它也驚醒了強大的敵人。

失敗者開始四處流亡，悲憤蹈海，一葉孤舟將我送上香港某處石灘。更多人卻被鐵柵阻隔，便有了羅海星的傳奇故事。命運使我和海星置換了位置，我登陸香港時，他卻一頭扎進夜幕，天上懸著同一片殘月，他卻是逆行者，似孤星飛馳，直至沒入黑暗至濃處。這在周蜜蜜筆下都有翔實描寫。這時想起「孤魂亭」，真是一語成讖！

及至羅海星出獄，我已遠在異域。九十年代在美國普林斯頓我們得以重聚。當時寫詩以記——〈贈友海星〉：「長句何堪短句裁，榴花已落菊花開。稻粱謀定一簪雪，翰墨揮餘半頁苔。滄海問年驚語盡，青槐託夢寄魂來。西窗舊雨萍蹤事，話到無聲第幾杯。」

羅家的傳奇故事在於父子均身陷囹圄。文學前輩羅孚在北京幽禁十年，我曾隨海星去看望過他老人家。後來我每訪港多住羅家。海星白血病去世，羅孚白髮人送黑髮人。及至羅孚仙去，兩代人的悲歌如雲中鶴唳。我也曾為老人家寫過輓詩〈輓羅孚前輩〉：「蒼苔廢圃沒春泥，黃蝶多飛李下蹊。半世丹忱沉甕底，十年枯井坐京西。書從焚後度新譜，壁已呵頹認舊題。皓首泉台詢黑髮，叩關當夜可鳴雞？」

末句寫的正是羅海星之俠骨丹心，典出孟嘗君為脱離秦王魔掌而夜奔函谷關，親隨學雞鳴，守關士卒聞雞而開關，孟嘗君得以逃脱。兩千多年之後的羅海星卻捨己救人，孤身犯險，以致身陷羅網。幾年煉獄，摧毀了海星的免疫系統。我在美國驚悉海星病逝，悲從中來。我們的情誼已超越朋友，成了一種信念結晶。這種價值認同猶如頁岩裡的標本，不知是否變得越來越珍稀。我相信不會。

我從美飛赴香港參加葬禮，為海星抬棺扶靈，並寫下輓聯：「仁之大者雖萬千人看孤星往矣；魂尚存乎惟江海水載俠骨歸兮。」

歷史不會遺忘他，人類記憶只能憑藉此等人物才得以傳承，故而取義成仁者絡繹不絕，香火不絕。羅海星的牌位就立於其間，連歲月灰塵飄落也躡手躡足，悄然無聲，生怕驚擾了仁者的靜穆。

蜜意綿綿念海星

陶傑（香港作家、資深媒體人，現居英國）

羅海星逝世多年了，夫人周蜜蜜完成了她的回憶錄。這一代人有很不尋常的經歷，尤其是羅海星兩代。他生長於英治的香港，身為長子，卻因為父親的職業和信仰，少年時就要送赴大陸，此一命運並非他的選擇，遭逢「文革」，歷盡艱辛，卻在廣州成就一段婚姻。

那個時刻去大陸升學，是他的不幸，遇到周蜜蜜，卻又是不幸中之大幸。

我成長略知人事時羅海星已經不在香港，我的父母時時提起羅家兄妹這位傳奇的大哥。其時粵港兩地音跡不彰，看見報紙上提起的文革武鬥，羅海星正值此年紀，大人說起，不知一個少年在那般環境如何生存，時時不免憂心。看了周蜜蜜的回憶，像繞到那個時代的後台，得知海星在磨煉中原來也得到愛神的眷顧，在貧瘠的一片赤地裡，他找到了一叢青翠。

周蜜蜜得到母親遺傳，文筆裡有細緻的溫情，回憶中有流水般的感思，講故事的場景百轉間引人入勝，憶亡夫的往事千迴中令人無限惋惜。上一代「反帝反殖」的文化任務，衍生悲劇，卻想不到由「英帝國主義」的唐寧街來施援。在此一令人無言的歷史反諷裡，周蜜蜜的生花之筆訴說大澈大悟的羅海星如何浮過苦海，是如何的赤子之心依舊，愛國之情越殷。令人一讀三嘆，再思淒然。

我是在倫敦初見聞名已久的周蜜蜜，但覺在那種政治環境長大，仍典雅而有教養，與純真的丈夫是天生一對，好像從未經那個時期的污染，我想可能是她母親辦兒童刊物的氣質教化之功。她在廣州的成長，亦可佐思於今日的香港下一代：政治很險惡，人卻要留一畦無愧於心的境地。

展讀此書，但覺銅山崩裂，洛鐘西應，其中有人我識之，有事我亦聞一二。那個早已消逝的香港，那時是何等的豐盈多采，皆因「自由」、而且是托蔭於殖民地統治的自由。那時的香港有何壓迫鬥爭可言？如羅海星那樣的有為青年，浪費了許多才情，唯此生有蜜眷如此，為後世留下青春的浪跡，燈下閱畢，已是海宇星沉，憶故人在病院的最後一面，握著他的手，在冬日的異國，在周蜜蜜的文章行氣之中，今夕透傳過來，遙覺隔世猶溫。

周蜜蜜前輩：兒童文學背後．大時代的警世故事

沈旭暉（香港國際關係學者，現居台灣）

小時候，記得家中有不少兒童故事書的作者署名「周蜜蜜」，有的是我買的，有的是母親買的。而一直以來都有一個印象，就是兒童書的作者都是不食人間煙火、過份天真理想的一群人。直到長大後，在家庭聚會認識了周蜜蜜女士本尊，才知道完全不是那麼回事。她的人生故事，縮影了大時代的無數悲劇，也唯有洗盡鉛華，才能返璞歸真回到童話世界。

周蜜蜜的丈夫羅海星是《新晚報》總編輯羅孚的兒子，家學淵源，八九六四期間任職香港貿發局駐北京代表，受良知驅使下，積極參與「黃雀行動」營救民運人士到海外，最終被中共政權拘捕判監。同期港英政府在英國頭號親中「中國通」柯利達爵士唆擺下，推出「玫瑰園計劃」粉飾太平，掩蓋英國將香港交予中共政權、

令港人高度憂慮的道德問題，令鄧小平得到黃金機遇，迫英國首相馬卓安親臨京城談判，去突破六四後的西方制裁。馬卓安為了對國內交代，為免「叩頭」姿態太明顯，提出中國釋放政治犯交換，羅海星於是突然獲釋，但被囚期間據說身處放射性物料污染之地，不久就英年早逝。

在這段期間，周蜜蜜施展渾身解數，為求救出丈夫，和中英兩大政權博奕，接觸了大量各方勢力人士，展現了遠超一般兒童文學作家的勇氣和視野。這段歷史，斷不能因為「新香港」在《港區國安法》後變得面目全非，而被人為埋藏。

我的外公、外婆是羅孚先生的老同事、老朋友，到了我母親的一代，和羅家也頗多交往。眾所周知的是羅孚後來捲入了一宗神秘莫測的間諜案，被北京軟禁多年，期間羅家如何營救這位大家長，周蜜蜜自然也親歷其境，可見身為根正苗紅家庭成員，昔日不但沒有好處，反而歷盡滄桑。羅孚獲釋後曾旅居美國，記得我到美國留學那一年，父母陪同送我入學之後，就專程探望羅孚。羅孚夫婦對哪些舊部在大時代保持人性，心如明鏡，我只是間接聽過那些往事，也感到怵目驚心，深深慶幸自己不用置身其中。

後來有機會和周蜜蜜詳談，覺得這位阿姨一點也不「左」，反而對中共政權充滿批判思考，而這些觀察並非一般民主派所能有的。慢慢才知道，除了她的丈夫、家翁先後「出事」，她的母親、中國第一代兒童文學大師黃慶雲，以及父親左派文壇元老周鋼鳴，都難逃文革期間被下放「五七幹校」的經歷，並將這段牢獄生涯寫成警世著作。

看著身邊至親紛紛經歷了那麼多，她一方面淨化人性的童真，留下了大量兒童文學，另一方面累積了越來越多對大時代的冷靜觀察，深感中共「鬥爭為綱」帶來的深刻毒害，逐步活出了自己的精采人生。她對文革期間知青男女的放浪形骸生活、批鬥知識分子的荒誕過程，一如營救丈夫卻捲入中英角力的經過，都有深刻反思，絕對是珍貴的歷史檔案。喜聞前輩願意撰寫回憶錄，將人生經歷公諸於世，這對研究中共黨史、中國近代史、香港歷史、乃至國際關係，固然都是寶庫；而立體呈現出一個傳統愛國家庭成員逐步覺醒的心路歷程，對身歷新一個大時代的香港人而言，也格外有共鳴。

給歷史以善良、正直、優雅的見證

鄧小樺（香港作家、文化評論人、本書編輯）

本書為香港作家周蜜蜜女士的回憶錄，由她在中國大陸文革時期上山下鄉、邂逅丈夫羅海星的青春歲月，到八十年代移居香港、在電視台任職的職業女性生活，再及家翁羅孚、丈夫羅海星先後成為「國家的囚徒」，周蜜蜜以至親身份照應、擔憂奔走的經歷，終於羅海星獲釋，在倫敦獲當時英國首相馬卓安在唐寧街十號首相府接見。在種種的變化、波折與磨難中，周蜜蜜以作家、女性的視角，既捲入其中又保持一種旁觀的清醒，為歷史寫下了個人的證詞——而它同時是一個愛情故事。

政治漩渦與文人情誼

周蜜蜜之前寫過長篇小說《文曲譜》，筆記香港的南來文人圈；後又寫過自傳《夢斷童年》，記她在大陸文革前後的成長歲月。本書中這一段橫跨五十多年的歷史，在今日讀來，卻感覺並不遙遠，只讓人嘆一句「亂世百樣同」。當政權缺乏安全感、對知識份子和民間不能信任，它所採取的手法經常是一樣的。在本書中周蜜蜜父母被批鬥勞改，羅海星作為在港中國人的兒女在廣州作人質，長袖善舞的文化界領袖羅孚突然被打為間諜，羅海星因參與營救民運人士的黃雀行動而被拘捕，如此種種都從來沒有公正的審訊、透明的資訊，只重演熟悉的「電視宣判」場面。諸多文人，不論是曾經極忠於黨，或根本無心於政治，或只是出於義憤而行動，都被籠罩在「飛來橫禍」的噩夢下而不得脫身。不熟悉中國政治的人，可能完全不能明白，為何國家要無端懲罰忠誠、善意或無辜的人？如果熟悉中國政治，又怎能不因不斷的輪迴重複而感到憂傷虛無？

在這樣的環境和背景下，周蜜蜜的回憶錄，並沒有被政治的陰影壓得透不過氣來，反而寫出一種亂世文人的情誼與交心，除了本來就是香港文化界名人的周家親屬羅孚、黃慶雲、周鋼鳴等外，我們在書中還看到聶紺弩、沈從文、冰心、黃永玉、金庸、陶傑、曾敏之等等重要文人的名字，周蜜蜜一一以個人角度寫其相交的歷史，當中不乏雪中送炭的俠義行逕，或文人之間者亂世相濡以沫，家常相助都見暖暖微光。而周蜜蜜在其中，儼然亂世嬌女——她曾在書中說，自從父母被批鬥，讓她對政治深惡痛絕；在私人相交中，她卻保持著純樸善良和細膩心思，記住他人的好，被欺負時也不吐惡言。或者，無論政治怎樣重壓，人性也都是不可滅絕的。

中國的純樸結合香港的自由

本書中的視角與語言，都有著純樸真摯的特色，想來這也是周蜜蜜文風及她令人心生好感之處。由中國大陸移居香港的作家之作品，常見他們本身純樸、與香港相比而較具鄉土自然味道的視角與語言，在移居香港後首先是感受到自由與安全的滋味，並發現香港這個城市輕易地接納了他們，他們也自然以筆書寫這個城市，觀察的角度既內且外。這些人也構成了香港的一部分，他們的作品也是香港文學的一部分，值得被好好認識。

當今的青年讀者可能對於「大陸人」有既定的刻板印象，未必見其全貌；而同時，他們對香港歷史產生了相當濃厚的興趣，想要知道更多，甚至有些人會像《憂鬱之島》的導演陳梓桓那樣想融合地觀照香港整體的歷史，不再囿於割裂與斷絕。那麼，周蜜蜜這本不算沉重的回憶錄，就提供了關於香港的重要拼圖，可以讓香港的代與代之間孳生認知上的融合，也讓香港拓寬其邊界，豐富其內涵。

不知讀者是否能夠想像，香港左派文化界的場面也可以真有正能量，出版人之間時常私語親切問候、互贈正面打氣之語，左派文化圈也有其健動昂揚、精神矍爍的一面。未能得見的人，或可從本書中得窺一二，像羅孚這樣夙夜憂勤於報刊編務的文人，提著國貨膠袋上班的樸素作風，身負統戰任務但從不強行向同行灌輸政治，左右逢源都有朋友，飲宴時講「為長江舉杯！為黃河舉杯！」的風度，現在左派中亦是不常有了——又恰可與馬卓安在唐寧街十號娓娓閒談、不必大力宣傳政權、令人舒服的處事方式相對照。其間的好壞，人心自識。而青年羅海星「想要改變黨的大願，大部分因理想而意欲投身政治的青年都會有所感應，而其間的變化、其後的結果，又多麼令人唏噓。新婚之後，大陸「計劃生育」政策令街區大媽來管他們生不生孩子，二人一口回絕而蜜蜜並下定決心赴港，因為這種私密範疇的事實在不想受他人眼光規管——這反面映照出香港的自由之意涵何在，能夠劃出不被插手的私人領域是十分重要的，很多居於香港的人都深切體會。

善良、正直、優雅

早年的南來香港的大陸作家或有「北望神州」的感懷，因懷念家鄉而否定作為商業城市的香港；而在周蜜蜜並無這種狀況。她和丈夫因為不想受政治的壓抑監控、想要自由而來港，二人均十分努力賺錢求存，所以本書亦有一大部分筆觸活潑、有大量名人過場的「職業女性生涯」，寫她在電視台任編劇及報刊任編輯的日子。周蜜蜜既沒有「學壞」（這是大陸對香港慣用的修辭），也從不躲懶——剛分娩後就有電視台人員來醫院催稿了，真是很九十年代的香港。而周蜜蜜寫這些故事，都依然是善良、正直、優雅、興味盎然的。

女性視角與筆觸令本書更為柔和易讀，在嚴苛譎變的大歷史中有不少溫情的閃光。前段與羅海星相交知心、互生情愫的部分，有樸素的浪漫，二人同遊的早春梅林之景深印讀者腦中；回憶羅海星被診斷出罕見白血病可能只有兩年壽命時，羅海星嘆「有兩年給我就足夠了」，周蜜蜜則在心中大叫「這怎麼會夠？」情真意切，令人惋然。還有許多在嚴酷環境下的餵食、護送等工作，都是女性職責，在大時代中有這些小節，倍感溫度。一如周蜜蜜自言，她立意與政治保持距離，並不鋪張大場面，但反而可以保持善感天真的視角與筆觸，在旁觀中為歷史作一番女性的敍事。

編者與周蜜蜜女士是因編輯此書才真正認識；當然童年時讀過她的兒童文學，

因此記住這個名字；及後，她也編過幾次年度小說選，是為香港文學出過力的前輩。第一次見蜜蜜女士是在香港文學館為紀念另一位香港兒童文學前輩何紫而辦的展覽活動上，蜜蜜女士出席任嘉賓，記得是穿一襲紅色套裝，氣質優雅高貴，頗有鶴立之姿。讀者看書中照片，自然知道青年周蜜蜜的清純秀麗，無怪乎這麼多文人長輩疼她。編者稱讚蜜蜜女士漂亮，她則十分謙退，說母親黃慶雲才是民國閨秀。作者當然不會在書中自讚美貌那麼自我陶醉，編者只能多加照片，映照作者的生命風姿，讓讀者體會。

本書本擬在港出版，但因亂世而有阻滯。商定出版時問蜜蜜女士是否擔心，她只回應：「我已經七十歲了，只想做自己想做的事。」一席間我問起鑽營之輩，蜜蜜女士只一頓，淡淡道：「不是做文學的人。」中國現代文人每因政治而多磨難（可能現在香港也是如此），但作家章詒和諸書中都強調文學與藝術的價值、重視文人之間真切的相交，皆因要尋找更超越的價值、更挺立的個人、更真摯的情感，置於政治的標籤、評價與漩渦之上，以面對歷史，保存真相。編者亦想在本書的編輯過程中，呈現這樣的蜜蜜女士，予香港、台灣、中國以至離散海外的華人，寫作者、每個被時代捲入不由自主的漩流中，又始終想保持自己的善良的，人。

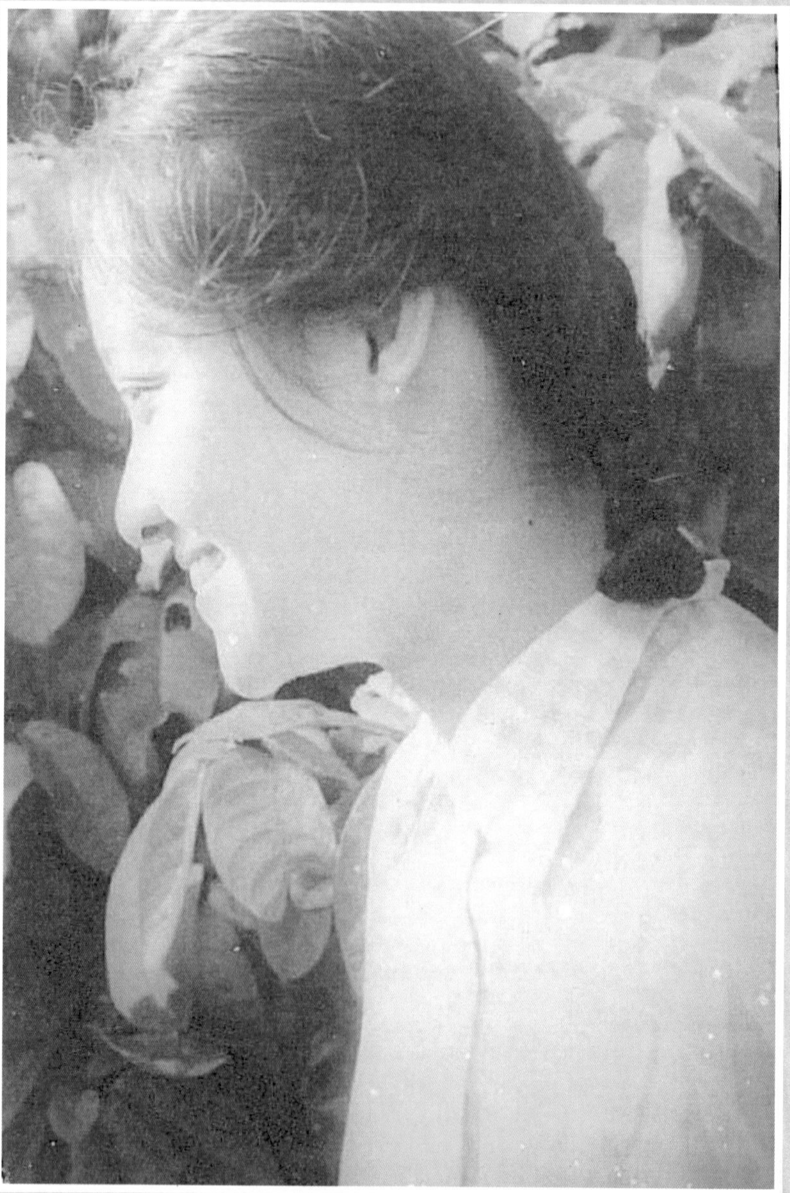

• 二人初相識時，羅海星為周蜜蜜拍的照片

• 羅海星年輕時

• 羅海星與周蜜蜜

• 一家團聚與李怡

• 周蜜蜜與羅孚、羅海星父子二人

• 羅海星的孤魂亭，惠吉西二坊二號紅樓

• 唐寧街十號，與當時英國首相馬卓安會面

引子

朋友從網上傳來一段貼文：

惠吉西在惠愛街上（即今日的中山路），於是路名保留「惠」字，「吉」字祈求吉祥之意。

九十多年前，也就是上世紀二三十年代，這裡是華僑居住區，建築多為西式的獨棟洋樓和中西合璧的聯排竹筒屋。

附近又是廣州兩大名剎——六榕寺和光孝寺，文化氣息和小資味道濃厚，於是被稱為民國時期羊城的「小資街」。

這裡的房子是目前廣州市內最具規模、保存得最好的民國洋樓社區之一。有紅磚綠瓦，山花飛簷、歐式雕飾，部分又保留腳門、趟櫳和板門，木窗框或花窗，集嶺南民居和西式洋樓風格於一體。

惠吉西二坊二號曾為《大公報》社臨時社址。這幢文物單位近年經過整修，紅磚牆顯得嶄新。這種氣派的建築下，有個雕塑小報童，以映襯當年廣州為嶺南新聞報業策源地的光輝……

貼文附著的照片，是一幢三層高的小紅樓房，樓房頂上有一個小小的亭閣，經歷了多少歲月的風雲雷雨，卻是那樣的依然如故，毫不變色！

遠在日本的朋友也看到了，給我回話：

「上面的那個小亭閣，當年是羅海星命名為『孤魂亭』，他就是當然的『亭長』，曾經叱咤風雲的日月，令人一輩子也不能忘記……」

孤魂亭！孤魂亭！這個久違的名稱，隨同所謂的「亭長」，已經離去數十載了，人去亭空，但記憶永在。惠吉西二坊二號，那棟樓房的外牆是血紅血紅色的，連帶著頂上那個小小的樓閣「孤魂亭」，給我留下的所有記憶，也是血紅血紅的，直滲入靈魂，染透了他的青春，我的人生。

目錄

第一章

瘋狂年代 情定孤魂亭

沒有文化的文化革命年代　沒有知識的「知識青年」

那是一個瘋狂的年代，也是殘酷的年代，更是令人迷惘的年代。

一九六六年，由毛澤東一手策劃發動的「無產階級文化大革命」驚天爆發，迅猛展開，短短幾年之間，家國社會，不斷地在動盪劇變。全國大、中、小學被「停課鬧革命」，所有的學生，都中斷了原來的課程學習，被剝奪了讀書求知的權利。用當時的政治術語來說，「知識越多越反動」，所以，進入青年期的青年，其實都是不能學習知識的青年，也可以說是沒有知識的青年。但偏偏是這麼一大群青年人，被冠以「知識青年」的稱號，然後被迫離開城市和家庭，到遙遠的農村山區去「上山下鄉」。這真是極大的諷刺！被官方媒體美化為「文化革命偉大創舉」的知識青年上山下鄉運動，說穿了，其實就是有很大欺騙成分在內的、旨在清洗城市青少年人口的一個巨大騙局。

由於我的父母親都是專業作家，一早就成為文化大革命的「革命對象」，他們不斷地被「觸及靈魂」，家庭兒女也不得安寧。當文革運動爆發之初，我才剛滿十二歲，下有大大小小三個弟弟妹妹，眼睜睜地看著父母被紅衛兵、造反派帶走，不時地接受監管或是進入各種各樣的「學習班」，直至下放去偏遠地區的「五．七幹校」去接受「勞動改造」。我們原來的住家保姆也被迫離開了我們家，四個年幼無依的小孩子，就只能無依無靠，自生自滅地成長。

日子在混亂中過去，滑稽的是，我在無書可讀的學校升上了虛有其名的「高中」。在學期間，學校並沒有任何實質上的教學活動，只是由一群文化水平低下的工人宣傳隊和解放軍宣傳隊佔領了所有課堂，監察著校內師生的一言一行，一舉一動。新學期一開始，我們就被驅趕到遠離城市的鄉村，去伐木、製磚，依靠自身的人力勞動，建造所謂的「農村分校」。

一直到了學期中，學校的工宣隊和軍宣隊，突然奉行上級的指令，要搞甚麼「中國語文課程教育改革」，組織學校的師生，重新編寫課程教材。出乎意料之外，我居然被破格調入教材改革編寫小組。這可能是由於我自小就接受了來自外祖母和母親的「家教」，受過唐詩宋詞古典文學的浸潤，總算是掌握了一點筆墨功夫，因此被選中作為寫手之一。當時尚還年幼的我，曾一度很天真的以為這下子又有了重新讀書學習的機會，暗暗地開心起來，叮囑自己不能輕易放過這難得的機會。於是，不惜熬夜苦讀，努力寫作，竭盡所能地投入編寫全新的教材的工作。

不久，新的教材教案編完了，才剛剛滿十五歲的我，被安排到公開的課堂上，面對著二十多個從教區內各間前學校來觀課的教師，示範自編的語文教材教學。這無論於我，還是於學校的教學班子來說，都是前所未有的第一次！

結果，那天的公開示範課，終於無驚無險地完成了，總算是功德圓滿吧。正當我以為可以鬆一口氣的時候，萬萬想不到竟然招來一些人的妒忌和恨意，惹出種種負面的議論：

「她是黑作家的女兒，就是黑苗子，怎麼可以讓她公然立足教壇？」

「不論如何，無產階級的革命學校，不能培養黑作家的黑苗子！」

「必須把她趕出校園，派去上山下鄉，走得越遠越好，就是要她老老實實地接受貧下中農的再教育！」

……

於是乎，我很快就被撤下來了。

畢業前夕，一位曾經愛護過我的老師，偷偷地對我說：

「實在是沒有辦法，我們再也不能讓你留在學校和市區了。現在唯有儘量爭取把你分配到比較近的郊區農場，希望有朝一日，你能有機會繼續發揮自己的潛能。」

我無言以對。這的確是誰也沒有辦法的事情，那時候我的父親還被關在幹校的「牛棚」裡面，母親也自身難保，上山下鄉是我不能不走的道路。

結果，一九七一年，十八歲的我，由原本的在校學生，驟變成有史以來最荒唐、也最沒有社會地位的一種人——那就是所謂的「上山下鄉知識青年」，被分派到廣州市郊區的一個果園畜牧農場去。雖然距離市區不遠也不近，但農場的地理環境處於山區，大大小小的村落劃分為不同的生產區域，分布在高高低低、方圓二十公里的山坡上。我最初是下放到畜牧隊，每天的工作是上山割草餵養奶牛。

不想三天之後，忽然接到場部通知，要抽調我去接受培訓，學習放映電影。

我按照指令，帶上行李到場部，才知道原來是他們剛剛購買了一部八厘米輕便的電影放映機，準備在整個農場範圍內巡迴放映電影。但由於放映員必須接受有關方面的專業培訓，也必須是有一定文化知識水準的人，所以農場領導指定我和另一位女知青受訓，準備做全職的電影放映員。

我們匆匆地接受了短時間的培訓，就開始在全農場範圍內的各個生產區為職工們放映了。

那一台所謂的輕便放映機，其實並非真的是「輕便」，起碼有十多二十公斤重。由於山路崎嶇，要帶到遠離場部的生產區去放映，也是一個艱難繁重的工作。

因此，除了我們兩個女知青放映員之外，場部還要派出隨員用單車運送那台放映機。而且很快地發現，女知青其實難以勝任電影放映員的工作：當我們去到一個放映場地，要安放音響裝置、掛上銀幕，就會引來浪聲四起——

「要不要我來抱你上去啊？靚女？」

「我想看你多過看甚麼《地道戰》啊，哈哈哈……」

往往，我和同伴被羞得滿面通紅，很想撂下一切不幹了。

而放完電影以後，夜已深，路遙遠又難行，我們趕不回場部的宿舍，只能就地借宿，極不方便。

不久之後，我的同伴因為騎單車時發生意外，腿腳受傷，需要治療休養，上級就讓我們退下來，改換男知青當電影放映員。

恰在那時候，農場要開辦廣播站，便指派我全力負責。從採訪、撰稿到播音，都是由我一人獨力承擔，另外，還要兼顧圖書館的工作。

突如其來的變化

直至一九七一年，時局突然發生了不可思議的變化：九月十三日，當時的中共第二大領袖，被指定為毛澤東接班人的林彪，突然與家人乘飛機出逃，墜落在中蒙邊境溫都爾汗，粉身碎骨。舉國上下，為之震驚。無論如何，這已經標示了文化大革命的失敗和接近結束。隨後，鄧小平兩次給毛澤東寫信，要求出來工作。毛澤東在信上作了肯定的批示，一九七三年，鄧小平的國務院副總理職務得以恢復。由此，國家的部分機制，也逐漸回復到原來的軌道。結果，那一年，我的父母從鄉村的幹校回到城市，回到作家協會上班工作。弟弟妹妹們也先後畢業離校，獲分配到不同的機構就業。我所在的農場，同期下放的知識青年，也紛紛得以安排回城工作。能回到自己的家裡，回到父母的身邊，那該是多麼的幸福啊！我不由得日日夜夜地期盼著。

然而，這種「幸福」的機會，卻一直沒有降臨到我的頭上。有人說，這是因為農場的領導太過「器重」我了，除了農場的情況報導、工作報告之外，甚麼計劃、總結、演講文稿，統統都需要我幫忙動筆，還要一手包辦場刊的採寫、刻製蠟板和印刷，我就是這樣被困住了，即使別人放假回家，我還得留在場部廣播站和圖書館上班。想要離鄉返城，談何容易？

就是這樣，日子一天天過去，眼看已經年滿二十歲的我，似乎還要留在農場裡無聲無息地蹉跎歲月，了無盡期。

記得那是一九七三年春季的一個週末，我從農場回家休假，陪伴父母親。他們年事已高，又經歷過八年文化大革命的衝擊，「幹校」的折騰，身心俱疲，尤其是父親，哮喘病常常發作，身體越來越虛弱。幸好，以前和我們相處如家人的住家保姆八嬸又回來操持家務了，她是個心靈手巧的人，除了做事麻利之外，還會做一手好菜。

我剛走進家門，就發現母親和八嬸在一起，神情顯得格外認真地在商量著甚麼事情。

「……他們從香港來，甚麼好的東西沒有吃過？所以我想你煮自創的最得意的一套菜式。」

「呵呵，你是想我煮那一『屎塔蓋』嗎？」

八嬸問。

「沒錯，嘿嘿，還是八嬸你最知我心意。」

媽媽笑著說。

八嬸也笑起來，說：

「當然啦，不用說我也知道的。還會連帶做你中意的那一味珍珠白玉丸，大大粒，好看又好食的，我一定不會失手，哈哈哈……」

我聽得一頭霧水，不明所以，走過去問：

「你們在講甚麼呀？一時是污糟邋遢的，一時又是矜貴靚麗的甚麼名堂，聽起來牛頭不搭馬嘴，究竟是怎麼一回事啊？」

媽媽笑笑說：

「自然是好事了。今晚你曾表叔要帶兩個重要的客人來吃晚飯，我這是和八嬸講講要準備煮些甚麼菜式。」

媽媽說的曾表叔，是我父親的表弟曾敏之，他原先就是由我父親從鄉下帶到上海，親自介紹進入報界和文化界工作的。然而，曾表叔向來大膽敢言，因此政途坎坷。他曾經出任《大公報》、《文匯報》駐廣州聯合辦事處，通稱「二聯」的辦公室主任，卻在五十年代的反右時期，因言獲罪，與「二聯」廣州辦事處三分之二的原領導人和記者，一齊被劃為右派，下放勞動。直到運動結束，他才被安排到暨南大學擔任文學教授。但是，好景不長，文化大革命爆發，他受到紅衛兵的批鬥，憤然跳樓自殺。幸而只是跌斷了一條腿，勉強保住了性命。在他人生處於最低谷的時候，幾乎就是「生人勿近」的逆境之下，我母親冒著極大的危險去探望他，好言鼓勵他要勇敢地活下去，所以他對我母親深為感激。「九·一三」林彪出逃事件之後，文革接近尾聲，曾表叔終於獲得「解放」，無須再受學院革命派的審查。但因為學校尚未復課，他賦閒在家，便不時地輔導我和妹妹學習古典文學。他的住所就在離我們家很近的惠吉西二坊，常來常往也是常事。

可是，這一天晚上，曾表叔為甚麼要鄭重其事地帶人來我家吃飯呢？而且弄得很大「陣仗」似的，連我媽媽和八嬸也被「總動員」起來了，究竟是甚麼客人那麼重要的？

我正要追問，但母親只說了聲「等他們來了，你就會知道的」。遂繼續和八嬸研究晚餐的菜式。立於一旁的我，才弄明白了她們說的「屎塔蓋」是魚蝦肉釀冬菇，「珍珠白玉丸」是糯米蒸肉丸，全是母親和八嬸自創的菜式，然後還有甚麼鹽焗雞、燒肉排、燉元蹄……等等。

傍晚時分，曾表叔帶著兩位中、青年男士來了。經過一番介紹，我知道了那位中年的男子是香港《新晚報》的總編輯兼《大公報》副總編輯羅承勳先生，同時也是作家，筆名羅孚。他和我的父親原來已是認識的，也是作家協會的會員。年輕的一位是他的兒子羅海星，文革前入讀廣州外語學院，卻滯留在本市，一直不能回去香港的家，近年獲派到陶瓷出口公司工作，家人只能不定期地來探望他。我看見他們的皮膚特別白皙，尤其是羅海星，雖然是剃了平頭，但還是把頭髮映襯得格外烏黑，面龐上帶些微的嬰兒肥。這已經足夠我的兒童文學作家母親發揮童心想像，後來悄悄的以開玩笑的口吻對我說，他「活像是個來自北極的小白熊。」

羅家父子彬彬有禮，談吐文雅，晚餐吃得相當愉快。臨別時羅承勳笑咪咪地對我媽媽說：「我這個兒子就送給你了，以後你們可以幫我看著他。」沒想到他會這麼風趣幽默，大家都相視而笑了。

立於一旁的曾表叔語重心長地對我說：「蜜蜜，你和海星都是年輕人，應該可以談得來的。他的英文很好，你有空也可以跟他學一下。反正他就住在我家隔壁的二聯辦事處，你要去的話，也很近便。」

我因為與對方生疏，還不好表示甚麼，他就先表態了：

「的確是很方便，我也可以過來這裡教你的。」

我對他笑了笑，點點頭，深知自己不能再在農場白白地浪費時間了，應該好好抓緊機會，儘量學習多方面的知識。

羅家父子

自此之後，他果然說到做到，每逢我從農場回來休假，他都會親自上門，為我講習英文課。他告訴我，他十六歲在香港的中學畢業，英文其實並非是來廣州入讀外語學院才學的，而是之前在香港請退休的英籍軍人私教補習的，所以，一早打下了比較良好的基礎。

「你說你十六歲之前，一直都在香港生活，各種條件似乎都很好。為甚麼你非要到大陸，到廣州來讀書和工作呢？」

我不明白地問他。「一來是因為我父親的身分關係，二來自己也想換一個環境，試試看會有些甚麼不同的發展。」

他說著，向我一一解釋。

原來，羅承勳，他的父親，是從年輕的時候起，就考入了創刊不久的《大公報》工作，由最低的職位，一直晉升到高層。其間經歷了抗日戰爭，有感於保衛國家的責任，參加了共產黨組織。多年以來，在香港的新聞界和文化界默默地努力奮鬥。而作為下一代的他，按照有關的規定，從小就入讀愛國學校，接受愛國教育。在當地完成了中學教育之後，就必須回國接受高等教育。所以，在文化大革命爆發之前的一年，他才十六歲，就要從香港到廣州，考入廣東外語學院英文系。大學的課程上了一個學期，就被文化大革命打斷了。與此同時，回香港的歸家路也被關閉了。萬般無奈，他只能滯留在這裡，身不由己地被文革的風暴猛烈衝擊。運動開展之初，他也曾和同學們一起，穿上舊軍裝，戴起紅袖章，匯入各地紅衛兵的潮流之中，有時徒步行軍、有時跳上火車，千辛萬苦地去韶山、上北京，進行所謂的革命大串連。但是，當激情過後，他發現了紅衛兵和造反派不合情理的過激行動，對學校的教育造成了不良的影響。尤其是對他們大學的校長，實行有違人性的殘酷鬥爭，令他覺得很不對勁。於是，為了保護校長，他憤然與學校的紅衛兵造反派組織辯論抗爭，結果與校長一同被囚禁。事實真是非常諷刺，他不但保護不了校長，就連自己也保不了。不過，在囚禁的日子中，他反而可以冷靜地思考整個運動的過程和意義，又產生了更多的疑問。重獲自由之後不久，校長被殺害的噩耗忽然傳來，他在震驚之餘，更感到文革的破壞力難以估計。從無書可讀的大學草草畢業，他被分派到外貿機構——廣東省陶瓷進出口公司工作，這是很多人羨慕的「優差」，因為除了可以留在市區內上班，還能常常和外國商人打交道，每年兩度舉行的出口商品交易會，有如國際嘉年華會那樣熱鬧，成為全市矚目的焦點。但他本人卻並不看重這些，只不過對於公司的業務，就是陶瓷商品的製作還有些興趣，他會不時地到景德鎮、潮州等產地出差考察，研究一下產品的設計風格和技巧創新。也對一些外國的陶瓷精品，像高級的骨瓷、燈影薄瓷，都十分欣賞，認為國產陶瓷技術應該向日本、英美等先進同業取經學習。

「真想不到，你在香港資本主義社會成長，還能這麼快就適應社會主義的大陸。說真的，這些年，你會懷念以往的日子，懷念家裡的親人嗎？」

我忍不住問他。

「當然會了。我在香港的家，是背山面海的大洋房，有一千多英呎，電冰箱、電熱水器、電視機甚麼的一應俱全，還有工人照顧，算是香港中等階層的家庭生活條件吧，和我在廣州這裡的生活真是有天淵之別！但是懷念、牽掛也沒有甚麼用，因為上頭不允許我這樣的人回去，都已經超過十年有多了！好在我的父母親和弟弟妹妹得閒時還可以來看看我，其他的就沒有甚麼可盼的了。」

他說著，無奈地苦笑了一下。

聽了他的回答，我多少也能有點理解了，畢竟，他原先來國內升學讀書所抱的希望，與後來遇見的現實問題有太多的不相符，卻是萬般無奈，也只能屈就了，況且，回去的路已經被堵住，不得不像時下流行的一句話說的，只能是所謂的「就地鬧革命」吧。這麼一想，我覺得他這麼個「香港仔」，到底還是有令人同情的一面。

自從那一次交談之後，他和我之間無話不說，每一次當面說不完，就在信上寫。雖然我們見面的時間相隔不是太久，他也常常寄信到農場給我，而每一封信上都寫了長長的幾頁紙，從社會、時事到家事，無論大小，一一道來，總有議論不盡的話題。

每當他的父親或母親從香港來廣州出差或者度假的時候，他們也來我家，或者邀我去酒店一起進餐。我更喜歡看他們從香港帶來的報紙、雜誌和書籍。那才是豐富多彩的精神糧食，尤其是一些翻譯的文學作品，為我們的靈魂打開了一扇奇妙寬闊的窗口，為大陸的文化封閉壓抑環境吹來一點點「香風」。

然而，羅海星的父親羅承勳工作實在太忙碌了，每次來廣州，都只不過是停留一兩天的時間。記得有一次，他和太太上來，匆匆忙忙的到我家作客，用餐後覺得非常疲憊，二人一起進了我父母親的房間休息，很快就入睡了。由於都是在報館工作，每一天都是晨昏顛倒，尤其是羅海星的父親羅承勳，在香港的報館每一個晚上檢閱報紙的版樣到夜半三更，怎會不睏乏勞累呢？可以說，他是我見過的最忙碌的一個香港人，那是難以想像得出來的。

「孤魂亭」的初次「裸見」

轉眼就到了炎熱的夏季。一個休假日的下午，我從農場回到市內，去惠吉西二坊的表叔家聽習古文課程，結束之後，一時興起，就想順便到隔鄰的二聯辦事處去看看羅海星。因為曾表叔的住宅，是和二聯辦事處連在一起的相同款式的紅磚洋樓，據說都是屬於國華銀行老闆馬伯年的，後來傳給了兒子、《大公報》社長馬廷棟，四十年代就把二號樓房劃分作《大公報》、《文匯報》的廣州辦事處。那是我從來未曾去過的地方，問准了表叔之後，我便走入二樓，一直走上兩報子弟，所謂「香港留學生」們居住的天台上去。

與我的想像截然不同，從下面看起來氣派頗大的二號紅樓，天台卻是顯得很小，一個綠色瓦頂的小亭子，孤伶伶地立在一邊，而另外一邊，就是一間搭建得十分簡陋的鐵皮屋。

「你找誰？」

一個穿著汗衫的男青年剛剛從鐵皮屋走出來問。

我報出了他的名字。

對方立即向著鐵皮屋叫道：

「羅海星，有人找你。」

一個半裸的男身立即應聲閃出——

天啊！我差一點驚呼起來，這赤條條半身的人是我認識的嗎？斯文有禮的「北極小白熊」形象一下子蕩然無存，怎麼會忽然「變身」為這不堪入目的無上裝男？

正當我感到無比尷尬地呆在一旁的時候，半裸狀態的他迅速地閃回鐵皮屋裡去，須臾，才重新露面，但是已經穿上白色的棉線背心，上半身不再是裸露的了。他的臉上展出歉意的笑容，說：「真不好意思，天氣太熱，我……」

「沒事，我才是不好意思的，沒有打招呼，忽然就走過來了。」

我急忙截住他的話頭，實在不想再尷尬下去了。

他依然用帶有歉疚的神色望著我說：

「屋裡面實在是太熱，令人難以忍耐，我們還是到孤魂亭去歇一歇吧。」

「孤魂亭？」

我一怔。

「噢，就是那個亭子，孤魂亭是我給它起的名字。」

他指著那個綠色瓦頂的小亭子說。

我跟著他一起步向「孤魂亭」，這時天色已近黃昏，似有似無的一絲絲涼風由四面吹來。

「為甚麼你會想到孤魂亭這樣一個名字？」

我接著再問他。

「因為我喜歡在這亭子裡望遠景，想事情，總是有一種孤獨的感覺，也說不清楚是為甚麼。」

他若有所思地說著，我看到了他嚴肅的臉龐上，那兩道粗黑的眉毛，低低地壓著一雙發亮的眼睛。

啊喲，他居然自詡為「孤魂」，不知怎的我心頭隱隱地掠過一種甚為不安的不祥之感……看來，他也是一個熱愛閱讀和思考的人。但同時令我困惑不解的是：他這種身份特殊的「香港留學生」，居住的條件為甚麼這樣差？那一間簡陋的鐵皮屋，熱過爐火上的蒸籠，就像是貧民窟似的，連我家都不如呢。

接著，他又告訴我，以前他在市郊讀大學的時候，寄宿在校舍，只有在週末和假日才回來這裡度過。如今出去工作上班，這裡就成為他主要的生活基地。如此算來，他在這裡也前前後後待過十年之久了。和他同期來寄居的「香港仔、香港女」，也有好幾個，其中有的當了市立醫院的護士，有的成了遠洋貨輪上的廚師，還有的當了工人、士兵，或者做了機關公務員。但全都是滯留在大陸，沒有一個屬於自己的居所，卻又不能回到香港的家去和親人團聚。

真是想不到啊，這座外表堂皇的紅樓之上，竟然「隱居」著一群香港左派報紙職員的可憐弟子，十多年來有家歸不得，成為被拒入境的「遺孤」，日日夜夜陪伴著他們的，就只有一個無人知曉的「孤魂亭」！

「不過，住在這天台上，和『孤魂亭』作伴也有一點好處的。」

羅海星淡笑，對我說。

「甚麼好處？」

我急問。

「就是我可以在這裡拉琴，聲音隨風而散，不會影響到別人。」

他淺笑回答。

「你還會拉琴？拉的甚麼琴？」

我又問。

「最初是拉小提琴，後來又學了拉二胡。」

「那你是東、西全拉，洋為中用了。」

我忍不住笑了他一下。真沒想到，他這個人還有那麼「文藝」的一面，而且還能在苦中作樂的哩。

第二章

知青返城　鴻鵠之志

後來，我才知道，海星被寄居在惠吉西二坊二號「二聯」辦事處天台的子弟們封為「孤魂亭」的「亭長」，是事出有因的——也許他在家中是長子，所以在「二聯」的一眾香港子弟當中，頗有兄長的風範，常常會自覺或不自覺地照顧那些比較弱小的宿友。

其中有一對兄妹，父親原是香港《文匯報》的新聞採訪主任，但因病早逝，留下在《大公報》做清潔女工的母親和幾個年幼的子女。他就對這兩兄妹格外關照。尤其是對那個從部隊復原回市內工廠工作的哥哥，特別邀請到我家裡來喝湯吃飯。當時我和妹妹們一看到這個年輕人，都感到很意外：他的面孔特別消瘦，連皮膚都顯得乾巴巴的。這可能是因為長期吃不到住家飯，缺乏營養的緣故吧。我家開飯的時候，這個看來可憐兮兮的客人，就馬上如飢似渴地一口氣喝下了不少湯水。妹妹們和我背地裡就戲稱他為「乾巴巴」。他來我家吃過多次飯之後，由於受到湯水的滋潤，臉部肌膚便不再那麼乾巴巴了。

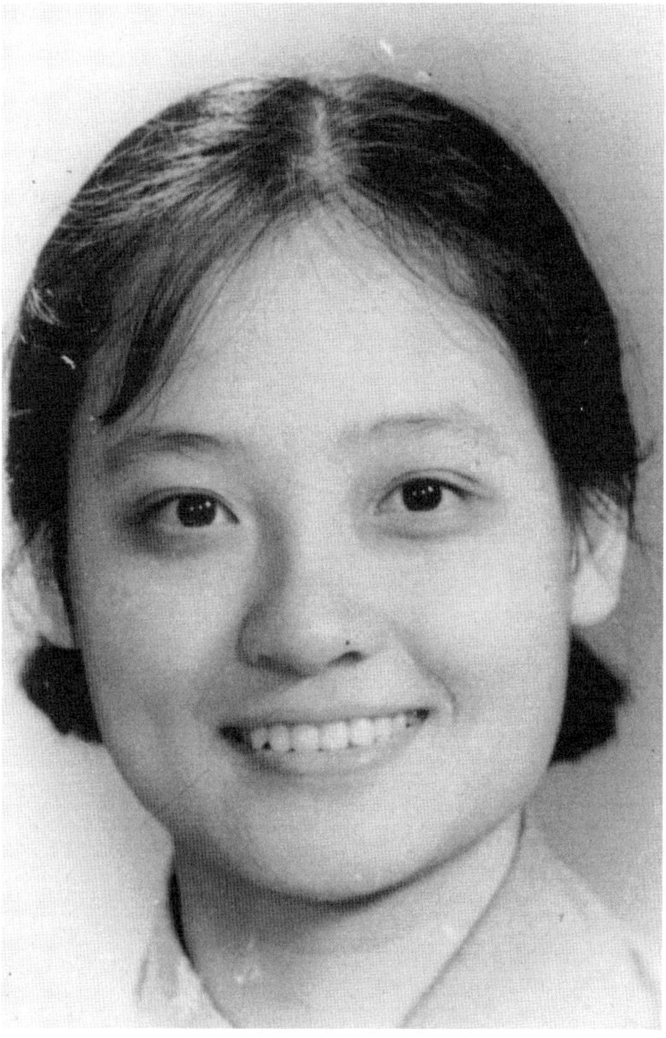

• 周蜜蜜年輕時

就是這樣，羅海星不時地把在二聯同住的宿友帶來我家用膳，公然打著的旗號是幫助我們搞清潔、修馬桶、掃牆壁……等等，總有花樣百出的名堂，令人無論如何也不好推拒。有的時候，還不止是一、兩個人，而是一大群人，並且是沒有事前預告的「突然襲擊」，往往害得我家的保姆八嬸叫苦連天，只因為那時候的油、糧、肉食供應都是有限制的，必須按照家庭人口逐個月發放票證。即使再慷慨大方，也有不少實際困難。事情就似乎是壞在他的交遊廣闊，但好在很快得到解決，卻也因為是他的交遊廣闊。原來他有一位關係很好的大學同學，任職旅行社翻譯兼導遊，常常跨省市出差，可以換得專供外賓和港澳同胞使用的代用券，出入友誼商店，購買高級的食品罐頭，給我們幫了不少忙。另外，還有一位由軍隊轉業到他所在的外貿公司，跟著他實習工作的徒弟，不時地回到軍隊去探視，順便會取一些新鮮的肉食，有營養又好吃的豬肝，廣府人俗稱「豬膶」來孝敬師傅他，他自然而然地再轉交給八嬸烹煮。後來他乾脆叫徒弟直接地把豬肉豬肝送到我家。那徒弟活潑開朗，甚得八嬸歡心，但妹妹和我只是暗地裡把他叫做「豬膶」。

漸漸地，我和海星以及他的朋友，彼此來往多了，他毫不客氣把我家當作擴大了的社交活動場所，除了常常帶「二聯」的同伴來閒聊和吃飯之外，有時還會把一些大學的同學帶來。如果說他的「二聯」同伴們是屬於生活方面的關係，而那些和他要好的同學，則是精神上面的志同道合者。相對來說，他的大學同學們，雖然都接受過高等教育，但大多數都是家庭出身不符合當時的「三代貧農、四代乞兒」的最佳標準的，反而大都是出生於資本家或者知識分子家庭，因而在社會上的況遇，被分派的職業，都比較差。但他們的談話內容和社會經驗，都豐富有趣，並且有一定的社會意識和深度，是我所喜聞樂見的。尤其是那個當導遊的同學，見多識廣，還會模仿不同人物的口吻說話：

「據說『阿姨』又去了清華北大，講了很多廢話，『阿爺』不太高興了……」

他所說的「阿姨」是當時被叫做「文化大革命旗手」的毛澤東夫人江青，「阿爺」就是指毛澤東。

「嘿，『阿爺』早就已經對『阿姨』不再那麼感冒了，看中了新的女人，據說是個火車上的服務員。有一天，那個女人的肚子隆起來了，問『阿爺』怎麼辦，你們猜，『阿爺』怎麼說？」

講到這裡，他停下來，有意賣關子。

「究竟怎麼說啦？你快講下去呀。」

我們迫不及待地想知道。

他擺出一副大咧咧的樣子，模仿著毛的湖南腔說：

「長瘤子了吧，咋不去看大夫？」

笑得我們差一點連喝下的茶水都要噴出來。

他有一個男同學，長得高大英俊，各方面的條件都很好，得到不少女同學的青睞，其中不乏高官和軍幹的女兒。但那個男同學卻和曾表叔的女兒，也就是我的表姐相戀，本來他有機會分配到本市比較好的機構工作，但他一心一意要和我的表姐共同生活，隨同她一同去了邊遠的湛江。

羅海星還有一個文才出眾的女同學，中英語水準都高，但因為出身資本家家庭，也被分派到湛江去。而她的戀人是工學院的高材生，同樣也是家庭出身有問題，因此被分派到更遠的徐聞縣，二人分隔兩地，卻苦苦相戀。

另外，有一個男同學的父親，因為抗戰的時候，擔任過國民黨抗日軍隊的工程師，一直被關閉審查。那同學畢業之後，就被分配到遙遠的海南島去。

所有這些羅海星的大學同學，平時很難得相聚，只有放假的時候才能回廣州。因此我們都很珍惜相會的時間。大家聚在一起，談論的無非都是各自的社會見聞，還有就是喜歡看的書籍。間中也會傳閱一些各自寫的文章。

在同學之中，羅海星是年紀最輕的一個，因為他十六歲就來廣州入讀大學了。大家都把他看作小弟弟，和他在「二聯」中的「地位」恰恰相反。不過他的同學，以至於同學的家人和朋友們，都對這個小輩很好。

羅海星是一個很看重情誼的人，從他的社會關係就可以看得出來。他讀大學的時候，曾經到廣東的清遠縣農村去下放，被分派到當地的農民家中同住、同吃、同勞動，接受所謂的「思想改造」。當時他知道自己即使是到了假期，也不能回香港，加上勞務繁重，深感苦悶。在不幸中的大幸，是他的「三同戶」農家人對他很好，常常請他吃一些好吃的風味食物，又樂於和他聊天交流。原來戶主大嬸的丈夫早年去了香港，而她的兒女們在學校讀書，成績都不錯，尤其是長子，畢業之後還當了教師，是有文化的人，和海星很談得來，令他在精神上得到了一些安慰。下放勞動結束之後，海星一直和這「三同戶」的全家大小保持聯絡，相互之間，常來常往。有時他們到「省城」廣州來辦事或度假，就帶上清遠鄉村的土產「走地雞」、「細毛鵝」來給海星。而他們需要留宿，海星就「自然而然」地把他們轉介到我的家裡來。於是乎他們就很快成了我家的「常客」了。這也是一種很特別的「緣份」，多年以後，他們的大多數人也輾輾轉轉來到香港，通過海星的介紹，一起從事中港貿易。而這家人最小的一個女兒，還一度成為我的家務助理。她不止一次地回憶起小時後第一次上廣州，在酒店第一次乘電梯上房間去探訪海星和他父母親的情形：

「那時候覺得好新奇、好得意啊，一踏入那個小小的「房仔」，一下子就上升到酒店大廈的高層，又入去另一個房間，見到「阿羅」（指羅海星）和他的「阿大」（海星的父親），我真是發夢都想不到的呢！他們對我和我的家人太好了！」

你到底要甚麼

說起看書閱讀，那時是我的家最為人注目的一個焦點。只因我父親是個極度愛書的人，我家以前除了有很多書櫃放書之外，父親還用花園裡的小工具房來放置書本、期刊。我從小時候開始，就不知道貓在那裡面渡過了多少日子。當文化大革命來臨的時候，父母親所在的省作家協會，一早就有造反派來封鎖我家的書櫃，一本書也不能取出來，這反而可以讓所有的書原封不動保存下來，令後來的紅衛兵造反派不能再亂翻亂動。

一九七一年發生了林彪出逃事件之後，文化大革命接近尾聲，我父親結束了八年多的隔離審查生活，從幹校「解放」回家，所有被封鎖的書櫃也解封了。這是他失而復得的最大精神慰藉。

海星後來開玩笑說，他當初是先看中了我家的藏書，才上來找我的。我實在也是完全相信的，因為他每每來我的家中，目光總離不開那些書櫃和書櫃裡的書。

接近差不多十年的書禁終於解封了，真是皆大歡喜，我們都如飢似渴地「補讀」父親書櫃裡的藏書：巴爾扎克、雨果、狄更斯、大仲馬、小仲馬、托爾斯泰、沙士比亞、屠格列夫、海明威……所有這些世界名著的作家作品的內容，也常常成為我們的談資。

不久之後，當時的一些出版機構，也翻譯出版了一部份比較新的外國小說，作為內部參考資料發行。我父親的作家身分可以買到這類作品，我們都盡快地看了，其中最引發思考的，是蘇聯作家柯切托夫 Всеволод Анисимович Кочетов 寫的長篇小說《你到底要甚麼？》（*Чего же ты хочешь?* ／ *What Do You Want*

Then?）。這一部作品，反映了蘇聯在斯大林死後的一些社會現實情況。儘管作家的觀點是左傾的，但也能寫出一些年輕人在蘇聯社會主義社會即將瓦解之際，各種官僚主義、腐敗、頹廢、社會道德面臨崩壞的現象，凸顯了很多意識形態上的矛盾，作者在書中向思想消極的青年一代大聲疾呼：「你到底要甚麼？」

我們雖然不是很同意作者的立場，但覺得在小說中寫出的社會主義失敗後的蘇聯社會情狀，年輕人對傳統迷惘不適，失去目標方向的問題，與經過文化大革命洗劫的中國社會，也有很多相同之處。我們面對這一切，也不禁要捫心自問：「你到底要甚麼？」

你到底要甚麼？我到底要甚麼？

海星和我站在「二聯」紅樓天台上的「孤魂亭」中，既問別人，也問自己。

他告訴我，文化大革命開始的時候，他站在老革命幹部校長饒彰風的一邊，希望保住老人家的清譽，結果也自身難保，被校內的紅衛兵造反派一同囚禁起來了。後來他獲釋，校長卻不斷地被批鬥，直至最後遭到槍殺。就連年幼的女兒也被強姦，慘不堪言。這令他覺得，文化大革命根本就是一場錯誤的運動。他還告訴我，就是這個文革運動，連在任的「二聯」辦事處主任黃克夫（我早就認識他了，尊稱為「黃伯伯」，其幼女黃菲菲和我是幼兒院的同學）也被紅衛兵抄家批鬥，甚至連二聯所在的這一幢紅樓也要被查封摧毀。親自發起文革的毛澤東，讓紅衛兵造反派鬥垮鬥死了不計其數的知識分子，連國家主席劉少奇也難逃厄運！再後來，毛本人一手選定的「親密戰友兼接班人」，居然也不顧一切地要出國叛逃了。究竟文化革命的意義何在？自覺和不自覺地參加了這場文化革命運動的年輕一代，到底要甚麼？應該要甚麼？我們的思緒紛亂，並不下於斯大林後時代的蘇聯青年一代！

你到底要甚麼？

一個驟看起來，似乎很簡單的問題，但對於那時候的我們來說，是複雜而難以解答的。見面的時候，會互相談論；不見面的時候，也會通過書信繼續探討。

面臨國家命運迷離之際，個人的前途更是渺茫，應該何去何從？實在是很難

• 羅海星年輕時

找出清晰而正確的答案。

我當時感到最好奇的是他，這樣一個在香港那麼繁華的資本主義社會成長的年輕人，隻身走回來社會主義的閉封鎖國，還要經受種種艱辛磨難，長期困在冬冷夏炎的簡陋鐵皮屋內，他到底還要甚麼？

我知道他那時候已經加入了共青團，並且在工作單位被委任為團委書記，同時被視為培養入共產黨的預備人選。他真的打算長期留在這裡，一直革命下去嗎？

你到底要甚麼？

我忍不住問他。

出乎意料之外，他的想法是我完全估計不到的！

想要改變黨

「自從我回到大陸求學之後，就未曾想過要回香港的事情，尤其是經歷了文革，總覺得個人命運是和國家，說到底，還是和管治國家的中國共產黨緊緊地聯繫在一起的。沒有看到文化革命的最後終結，沒有看清楚黨和國家的真正路向，我是不會離開的，甚至還要更加深入地參與進去。」

羅海星站在「孤魂亭」中對我說。

「這麼說，你想加入共產黨，而且還想進一步深入了解文革的性質及對國家的影響？」

我不無驚訝地追問。

「我是有這樣的想法。」

他坦承。

「那豈不是要從政？這是很麻煩的啊！」

我不以為然，自從文革以來，我的家庭以及個人已受夠了政治上的種種衝擊，我認為今後是避之唯恐不及，怎麼他還要去蹚那一道渾水？

「自從文革以來，政治就強佔了每一個人的生活，完全不可避免。我已經被關押過了，還有甚麼可怕的？我都想好了，如果黨的路線不正確，只有由我自己去改變它。」

他以一副年少老成的口吻說。

入黨，是要想改變黨？

我從未聽說過如此大膽的嘗試，竟一時無語。

後來，在一次家庭飯後的閒談中，他透露出這樣的想法，喜歡和年輕人交流的我的媽媽開玩笑地問他：

「如果有朝一日，黨實行民主競選總統的話，你會參加嗎？」

他開玩笑地說：

「當然，我會出選有史以來的第一個馬列主義總統。」

我揶揄道：

「哈哈，那豈不是成了『孤魂亭』中的第一個馬桶（統）啦！」

眾人都被逗笑了。

說笑是說笑，沒想到，他真的被不久後發生的一宗政治事件捲了進去。

一九七四年的一天，他偶然遇見一個多年不見的同學，順便介紹和他兩位相熟的朋友，其中之一，是廣州美術學院的李正天老師。由於彼此都是初次見面，並未作甚麼深談。

此後，第四屆全國人民代表大會很快就要召開了。大多數的平民百姓，都希望在周恩來總理和鄧小平的主持下，讓文革平息，國家機器運作回復到正常的軌道上來。但以毛澤東夫人江青為首的「四人幫」卻要鞏固文革取得的「成果」，發起了批林批孔的運動，矛頭直指周恩來和鄧小平。

同年十一月十日，一張題為《關於社會主義的民主與法制——獻給毛主席和四屆人大》的大字報，出現在人流最多的廣州市北京路街頭，作者署名為「李一哲」。

這張大字報長達兩萬六千字，內容談及四屆人大的召開，應是全新政局的開端。又指文革言論誰反對「偉大領袖」就打倒誰，要剝奪誰的權力就馬上剝奪，這樣無法無天的做法太過恐怖，希望四屆人大能公平公開地正視，為國家的長期穩定、真正實行社會主義法制而建言……

大字報的效應，曾引起一時轟動。據説江青大怒，説這是「解放後最反動的文章」。於是廣東省委組織批判「李一哲」的大字報，並且規定當時的文科大學生「不批判『李一哲』就不能畢業」。

原來，那「李一哲」是李正天、陳一陽和王希哲三個人合起來的筆名。當時，海星其實並不知情。遠在郊區農場的我，更是毫不察覺。殊不知道，一場巨大的危機，正無聲無息地向著我們包抄過來。

經過一年多的交往，羅海星和我在一起，已經不止於進行「英文教學活動」了。而活動的範圍，也從惠吉西二坊二號的小紅樓上伸延至我的家，甚至到我所在的郊區農場裡去。別人都是在週末或公共假期休息，但我就偏偏要在這些時候留守工作崗位。於是，他便會騎上單車，從市區一直踩過來，到僻靜的農場場部來找我。那一段日子，我們彷佛已經置身在喧囂的塵世之外，萬事俱休，或會一頭鑽進碩果纍纍的橙園或飛花如雪的梅林裡聊天，或會登上澄碧的水庫觀景。奇怪的是，我在後來看到了那一部深愛的電影《齊瓦哥醫生》(Doctor Zhivago)，故事片中的男女主角重逢的鏡頭和配樂，竟然令我產生出一種似曾相識的親切感，而在我腦海中浮現的畫面，卻是我們在那個農場的梅花林中齊齊漫步的情景，不可分辨地疊印在一起……

其實，我也喜愛農場的山山水水，還有那些善良樸實的人們。尤其是識字不多的老果農、老場長，是那樣真心實意地對我好。常常把自己和家人都捨不得吃的、美味的芒果和甜橙子留給我，令我感動無言。

然而，外面的政局風起雲湧，不斷變化。在「四人幫」的夾擊下，鄧小平漸漸失勢了，「批林批孔」運動擴展至「批鄧」，而且越來越凶猛。文化大革命似乎沒有盡頭……

在一個寒風冷雨的日子，我們穿過「孤魂亭」，走入鐵皮屋。這裡面冷冰冰的，沒有一點暖意，空氣中漂浮著一些顯影藥水的味道。他不久前為我拍下了一些照片，暫且把鐵皮屋當作暗房，自行動手沖印膠卷。

「我想過了，你的那個農場還是離市區太遠了，我想應該想辦法作出一些改變，你要和其他下鄉期滿的知青一樣，將戶籍重新遷入市區，回到城裡的家。」

他用鉗子夾起浸泡在顯影液體中的相片，很認真地說。

我搖搖頭：

「這本來是理所當然的，但要農場方面放人，恐怕還是很難。而且我的父母親都太老實，又不會走後門……」

不等我說完，他又開口道：

「我知道的，就由我來幫這個忙吧。要不然再拖下去的話，文革不能完結，難保上頭的知青政策又會生變。」

這談何容易？我只是半信半疑。

過了一些日子，農場的黨委書記突然把我叫去，對我說：

「農場方面準備讓你回城。不是我不放你走，而是想有更好的機構來招工才安排你去就業，不要浪費了你這樣的好人材。」

我表示了謝意。

不久，有近萬個職工的國家企業大工廠來農場招工，果然我能獲得安排，回城入職了。

事後我才知道，原來他通過朋友了解到，一直不肯讓我回市區就業，硬是要把我留在農場的就是那個黨委書記，所以想方設法，有針對性地多方勸説，終於打動了對方，同意讓我離開農場。就這樣，一九七五年，在我當了「上山下鄉知識青年」的第五個年頭，身份有了大改變，成為國家企業大工廠的新工人。雖然是比同期的知青晚了兩、三年回城，但我終究是重新回到了自己生長的城市，回到父母的身邊。

至此，從鄉郊到城市，從上山下鄉知青到國營工廠新工人，我的生活真的是有了很大改變。

我入職的工廠，是位於橫貫廣州市的珠江河之南，與我家所在的方向正好相反，因此距離比較遠。那時候的我，踩單車的技術很差，每逢十字路口、交通燈位，或者是車多人多的地方，必定會驚惶失措地跳下車座，怯怯地推車步行而過，所以我要比別人用更多的時間在路上。

工廠的面積廣、規模大、機器多。由於是毛澤東在五〇年代大躍進時期親自來視察過的，所以受到省、市級領導的高度重視。而實際上，這間工廠主要是生產石油工業所用的設備，產品都是高、大、重型的。可惜技術水準卻與先進科技有很大的距離。我曾經見過一個被標榜為「勞動模範」、「毛澤東接見過」的「先進工人」，他原本是一個從印度尼西亞回來的歸國華僑，負責用一台衝床加工零件，但那台機器常常出故障，他的十隻手指都曾經被弄傷，沒有一隻是完好的，令人看了害怕。我後來把他的故事寫進了一篇小說裡。

由於工廠的工人都要分成三個時段上班，我也要投入這種日夜顛倒的工時工作，初時很不適應，尤其是上中班，必須捱到午夜過後才放工。一向愛惜我的老父親，對此極不放心，不等到我安全回家，自己也不肯上床休息。有一天晚上，下著毛毛冷雨，我半推半踩自行車，凌晨時分回到家門口，只見有人擎著雨傘，佇立於一旁。待我走近，迎了上來的原來是憂心忡忡的爸爸，看得我心頭一揪，痛澈心脾……

羅海星知道了這件事之後，向我和父親提出，以後輪到我上中、夜班的時候，一律由他來接送。

「這怎麼行？你白天還要上班，又要跟外商接洽生意，不可以耽誤了你的工作。」

我說。

「沒關係的，我本來就是越夜越精神的人，陪你走一趟沒有甚麼大問題。你的生活有了改變，我也應該改變一下了。」

他說到做到，每當我午夜下班的時候，他就扶著單車，站在大橋上等候。

我們會合之後，一齊踩車過橋，穿過大街小巷，四周靜悄悄的，正是無人私語時。寒風呼嘯的日子，我們會下車走向街頭那一個亮著大光燈的小食攤，點一碗熱呼呼的豬雜粥，要一碟鑊氣騰騰的兔肉炒河粉，慢慢分享近期讀到的時事新聞和書籍。這樣，上中班的時候，似乎比上日班的生活內容更豐富了一些。

不過，這些好日子並不多，沒過多久，工廠方面要派我去偏遠的地區做「知青帶隊幹部」，再次上山下鄉，不再留在城內工廠上任何班次了。

這是突如其來的改變，只因「知青帶隊幹部」是那時的「新生事物」，針對有許多上山下鄉知識青年無人管理，問題叢生的狀態，要求上山下鄉知識青年的家長所屬的機構單位，分派隨行人員負責管理。這自然是個苦差事，除了要和上山下鄉知青一齊離開城市，到偏遠的山區鄉村之外，還要負上管教、生計等等意想不到的各種問題，責任非常之重大，卻是吃力不討好。因此，工廠裡的各層幹部員工，都不願意出任。上面就是看準了我初來甫到，又是上山下鄉知青「出身」，所以就把這個誰也不要做差事派到了我的頭上。萬般無奈，也無從選擇，我就再次離開城市和家庭，帶著工廠數百名工人子女，即應屆的上山下鄉知識青年，去到比市郊農場更加遙遠的粵北山區去。

做上山下鄉知青和知青帶隊幹部，其實是完全不同的兩碼事：前者只要適應鄉間的環境，過好自己的日子就是了；後者卻要對知青的生活、對農場的有關領導幹部以及知青的家長三個不同的方面問責，這並非簡單的事情，有的甚至發展為「人命關天」的嚴重事故。就在我帶著知青前往的農場，同廠的上一任帶隊幹部，一個年輕的小夥子告訴我，不久之前曾經發生了一宗非常恐怖的慘劇。有一天大雪初晴，一個本地的農民到附近的山上去收拾枯枝木柴，忽然發現山間的樹上懸掛著甚麼奇形怪狀的物體，即時走過去查看，卻被嚇得魂不附體！原來那是用皺紙互相纏繞在一起的一男一女兩個人體——不，已經成為屍體的了。他驚呼著向附近的人通報，經查問後，發現女的是我們所屬工廠的工人之女，上山下鄉知青。原來她的父親退休，讓她回城去頂替入職。豈料她和本地的一個青年農民熱戀，而且已經珠胎暗結，眼見分離在即，難分難捨，結果用皺紙纏身，雙雙跳崖自盡。那是兩屍三命的慘劇啊！本地人嫌晦氣，誰也不肯上山收屍。惟有讓工廠派去的知青帶隊幹部，也就是我的前任、那個年輕小夥子自行動手去做了。

「你知道嗎？那兩具屍體掛在半山腰的橫山樹枝上，差不多一個星期後才被人發現，那慘狀觸目驚心，屍身更是腐臭難當。我是逼不得已，硬著頭皮從山頂游繩下去，再用繩索一點點地把他們兩個拉上山，慘不忍睹，也苦不堪言。如果不是做知青帶隊幹部，我何苦要受這樣的罪啊？回到住處，我一連幾天幾夜睡不著覺，沖了幾十次澡，還是覺得自己不乾淨，仍然覺得身上有一陣極難聞的死屍腐臭味，久久不能除去……」

那個前任知青帶隊幹部瞪大眼睛，餘悸猶存地對我說，我只覺得頭皮陣陣發麻，心跳不已。

那個安置工廠子弟知青的農場，是在廣東北面山區的苦寒地帶，地理環境屬於喀斯特地貌，山體呈赭紅色，可以種植糧食的土地不多，所以人煙稀少。除了我所在的工廠子弟之外，還安置了一批屬於軍人子弟的知青。

所有的上山下鄉知識青年，都被安排入住在十多個人一間的男女宿舍裡。我是另住在一個單間。

當我解下行李，走進那一個單間的時候，突然發覺木板床下似乎有甚麼響動，便小心翼翼地彎下腰，低下頭去探看——

哇！我的媽呀！一個非常恐怖的景象出現在眼前！只見一條三歲孩子手臂般

粗的草綠色大蛇，正蜷伏在床底下，一對眼睛發出幽森森的冷光，一下又一下地吐出長長的蛇信子，嚇得我差一點驚叫出聲來！

但是，我即刻咬住了嘴唇，在心中默默地告訴自己：不能叫，不能在其他人面前表現出自己的懦弱、無能，而且即使叫了也沒有用，那是新來報到的知青們個個少不更事，不但幫不了忙，還會笑話你，有甚麼用呢？

於是，我死命地咬緊牙關，拿起一把鋤頭，向著那個伸出來的蛇頭，用盡全力砸過去……

就這樣，我生平第一次獨自和一條蛇搏鬥，而且是無聲無息地搏鬥，竟然取得了「勝利」，把它遠遠地扔到屋外的稻田中去。整個人已經耗盡了力氣，全身發軟，癱倒在床上。這是一個甚麼徵兆？我將要面對的是毒蛇猛獸出沒的險境？真是越想越後怕，但已經無路可逃。此後才知道，這其實只不過是知青帶隊幹部生活的第一個關口，更多的麻煩和危機，還不斷地陸續有來。

飽受驚嚇，我獨自處於荒野上的小房子裡，不由得想起遠在惠吉西二坊二號那座紅樓上的羅海星，此時生活還會有甚麼新的變化嗎？

那時不能通電話，書信往來差不多要半個月，在事情發生變化之際，總是知道得太遲了的。殊不知道，一個比毒蛇吐信更大的危機，正無聲無息地向他偷偷地襲來。

第三章

文革終結　比翼覓自由

CASIO

那些人的手段怎麼可以如此卑劣

自從我去了粵北山區做上山下鄉知青帶隊幹部之後，就很久沒有羅海星的訊息了。曾經給他寫過信，但也不見回覆。

事情似乎有些不尋常，不過我也無暇顧及了，因為我的工作發生了意想不到的極大事故。

被安置在農場內的知青們，白天荷鋤下田勞動，晚上回宿舍吃過飯之後，就無所事事了，任何消閒性的娛樂活動，都完全欠奉。在這鳥飛過也不生蛋的偏僻山區裡，長夜漫漫怎麼辦？這缺乏教育，包括文化教育、文明教育以至性教育的一群，就神不知鬼不覺地把集體宿舍的燈熄滅了，男女知青混合在一起，「盲摸摸」地「自找樂趣」。

如此連場作樂之後，結果是石破天驚地「搞出人命」來。幾個還未成年的女知青，懵懵懂懂地懷上了身孕。怎麼辦？她們同聲一哭，我這個二十出頭的所謂知青帶隊幹部更加惶惶然不知所措，只能一面向工廠的上司報告，一面按照農場領導、計劃生育辦公室的指示，把那幾個傻里傻氣的未婚媽媽帶到縣城醫院去做人工流產手術，再全力照顧她們的術後復原，為她們做薑炒飯，煲補血湯……末了，再把她們送回城裡的家。

所有的這一切，我都是硬著頭皮，厚著臉皮去做的。

處理過棘手的知青未婚懷孕事件之後，我回廣州休假，得空打電話找海星。

不料，他並沒有在原來的公司上班，而是被隔離審查，組織領導要他交代與「反動大字報」作者「李一哲」的關係。

我想方設法找到他，感覺他的情緒十分低落。

「講來講去，我其實和作者之一的李正天，只是由朋友介紹，僅僅見過一面，他們就死死揪住不放，真不知道有甚麼好交代的。」

他委屈又憤怒地說。

我也不知道該如何安慰他，只是匆匆一見，就分別了。

不久之後，我的知青帶隊幹部工作完成了，重新回到城裡的工廠上班，羅海星的隔離審查也宣告結束，我們總算緩了過來。

然而，在全國大規模地進行的「批林批孔批鄧運動」，似乎更加深入。工廠方面讓我脱產到中山大學哲學系的特別班，學習儒法論戰的古代哲學及歷史課程。

有一天，他帶我去黨校，說是要探望他父親的一個好朋友。

他的朋友真的是很多，除了同輩的之外，還有父執輩的。我曾跟他多次去過珠江電影製片廠的老廠長洪遒伯伯家，當然了，洪伯伯是我父親以前在香港就認識的老朋友，也是我弟弟的「義父」。洪伯伯和我們無所不談，十分親切，而且每次都留我們吃飯，他家的飯菜特別可口。

另外就是大作家秦牧叔叔。文革開始，他是全廣東省第一個被批鬥的作家，因為他的作品——散文集《藝海拾貝》深受讀者歡迎，差不多是家諭戶曉。這也成為他的最大「罪行」——「炮製修正主義的大毒草」，毒害了大批讀者特別是青少年讀者。文革時他每天被紅衛兵抄家五十多次。但文革高潮過去，秦叔叔被解放出來，又是一條好漢子。他天性樂觀，知識淵博，是我媽媽的學長，常常對我說，我媽媽是當年最美麗的校花，而我是他看著長大的，稱讚我像「小金絲鳥那樣可愛」。秦叔叔和羅孚、羅海星父子也是好朋友，有機會也會一起飯聚，他還會應邀為香港的報刊撰稿……

而這次我跟羅海星去見的，是我原來從未認識的人，所以特別好奇。我們通過門衛，走進黨校的招待所，在一個小小的房間裡，看見一位滿面紅光、聲音洪亮的學者型男子。

海星向我介紹說，這是他父親的好朋友，前香港《文匯報》總編輯金堯如伯伯。年前因被香港地下黨的極左分子陷害，金伯伯被騙回來開會，其實是免職調去粵北的一個工礦隔離審查。

又是粵北？又是隔離審查？

我的心裡當時一寒：

那些人的手段怎麼可以如此卑劣？

然而，眼前的金伯伯似乎是個天性樂觀的人，樂呵呵地對著我們這些後輩，毫無架子，談笑風生，好像完全不介意自己所受到的不公不合理對待，只說自己這次從粵北臨時抽調回來廣州，主要是因為上面需要他的筆桿子起作用，參與評法批儒，實質上也就是批林批孔批鄧的運動。當他知道我也是因為這樣而被調到大學學習有關的課程，便說：「把這樣一個運動搞到全民化的白熱程度，看來上面真是出了很大的問題，我們姑且先看著吧，總有一天會把事情真相搞清楚的。」

海星又詢問了金伯伯一些生活上的問題，看有沒有甚麼需要他父親從香港幫忙帶回來或解決的，因為金家的人分居粵北、南京和廣州各地，困難重重，尤其是金伯伯，單身一人住在這黨校宿舍，設備簡陋，起居不便。但金伯伯說這已經比遙遠的粵北工礦區好得多了，他已經別無奢求。

和金伯伯告別之後，羅海星向我表示，自己以後有時間也要多來探望金伯伯。「金伯伯很有才華，詩、文俱佳。可惜現在為奸人所害，真是令人擔憂！要知道，金伯伯其實很早就參加革命，還被共產黨指派去台灣進行地下活動，差點就連命也沒有了。誰知到頭來，會被所謂的自己人害得這麼慘！」

羅海星憤憤不平地說。

不久之後，北京傳出周恩來總理逝世的消息，全國大多數平民，都流露出一種悲憤壓抑的情緒，普遍認為周總理的去逝和他所支持的鄧小平失勢，尤其是毛澤東放縱江青、張春橋、王洪文、姚文元等「四人幫」集團有著極大的關係。但是，由於當時中共中央不准民間自發性的大規模舉行悼念周恩來，「欲悲聞鬼叫，我哭豺狼笑」，終於，在四月五日爆發了天安門事件，大批公安警察圍捕在廣場上企圖公開悼念周恩來的群眾，引起激烈的衝突。消息傳到廣州，人心浮動。就在這時候，一份「周恩來總理臨終遺囑」，秘密地在各個機關單位以至大專院校、工廠、農場的人們之中流傳。通過多方面的傳送渠道，我們都前前後後地讀過了。

這一份「遺囑」的內容，其實也沒有具體地表示對甚麼東西不滿，要反對甚麼人，只是有一種悲慼的感懷慨嘆，與當時由下至上的悲憤壓抑情緒十分切合，令人不忍質疑它的真實性和可信程度。我們也是看過就算了，並沒有公開談論和表示自己的甚麼觀感。

忽然一天，我接到了原屬工廠的保安部緊急通知，要我即時回工廠，並且去保安部報到。

這是非常非常奇怪的事情！我從來沒有和保安部的任何人他們打過任何交道，難道出了甚麼不尋常的狀況？

懷著極度不安的心情，我惶然前往。一踏入工廠保安部的門口，眼前就閃過了那一張令人望而生畏的臉孔：鐵青鐵青色的冷若冰霜，橫豎起來的眼眉毛，其中的一道被一條刀疤痕劃過，凸顯出下面的眼睛更大如銅鈴，發出冷冰冰的寒光，直瞪視著人，好像被他看到的每一個目中人，都帶有犯罪的嫌疑。我陡地認出來了，他是我下鄉所在的市郊果園畜牧農場的保安科長。我暗忖這傢伙來者不善，偏偏在這個時候，他為甚麼會不辭勞苦，遠道而來？

不等我有思考的空間，工廠保安部的負責人立刻走過來，把我帶進一個房間，說：

「你是不是把偽造的周恩來遺囑，傳到你以前的上山下鄉的農場那邊去了？」

我一怔，說：「沒有啊，我自從回城之後，再沒有回去過。」

「可是他們的保安科長，追謠追到這裡來，你也看見了的！他還說源頭可能是在你父親那些高級知識分子上面，你要好好想一想，認真地交代這個問題。」

我一時氣憤難平，說不出話來。

那個像喪家之犬一樣地追撲過來的傢伙，原來到這裡來就是為了向我追查甚麼謠言，這也太荒謬以至於恐怖了！我已經離開了那個農場兩年多，他還不肯放過，而且還要將罪責硬放在我的父親頭上，說甚麼「源頭可能是那些高級知識分子」，還不是要搞文革那一套「欲加之罪，何患無辭」的惡劣手段！我父親這些年來體弱多病，長期住在醫院治療，根本沒有可能傳播甚麼「謠言」，有甚麼理由平白無故還要遭受他們這樣的質疑指控？

「他們那樣説是毫無根據的，我父親一直住在醫院裡，對甚麼謠言不謠言的，根本全不知情！」

我冷冷地對工廠保安部的人説，並且告訴對方，流傳著的所謂「周恩來遺囑」我只是看過，也搞不清楚到底是從哪裡傳出來的。

雖然話是這麼説了，但對方自然不會輕易把我放過，就提出要限定我在兩天之內，回憶和寫出有關的詳細書面交代資料。

這真是「大石砸死蟹」，在龐大的無產階級專政權力面前，弱小的人總是有口難言，百辭莫辯，只可以成為刀口下「待罪的羔羊」。

我的心就像掉入了沸騰的油鍋，不停地被煎熬著，痛苦不堪。

當天晚上，羅海星把我叫到惠吉西二坊二號「紅樓」頂上的「孤魂亭」去，神情凝重地說：

「金堯如伯伯讓我通知大家，對於追查周恩來遺言的事情，你們不用怕，無論是誰找你們都說是從我這裡拿到的，就讓他們來追查審問我吧，反正我已經是這樣的了，他們也不能再把我怎麼樣！」

啊！金伯伯，在這危難的關頭，竟然勇於豁出一切，自行獨力承擔責任，真是個硬錚錚的英雄，可敬可佩的前輩！我的心內一熱，幾乎流出了眼淚。

繼而，羅海星又用凝重的語氣對我說：

「看來，對於在這裡生活的政治風險，我還是低估了。像我們這種人，要在這裡過日子，還是有很多艱險危機的。老實說，我以前從未曾想過要回去香港的問題，但現在還是應該好好地考慮考慮了。」

我聞言心情更為沉重，深深地點了一下頭，卻不知道該說甚麼才好。

所有東西都會重新上路

一九七六年，這是中國當代史上最重要的一年，在這一年之中的政局變化，達到了翻天覆地、震撼人心的程度。

年初的時候，首先是周恩來總理的逝世，引發了民心大變、悲憤難平的「四．五天安門事件」，顯示受毛澤東偏袒的江青為首，王洪文、張春橋、姚文元為附的「四人幫」，和文化大革命一起，已經走到了末路窮途。及至九月九日，獨享「四個偉大」的極權首領毛澤東撒手人寰，中國的政壇發生了中華人民共和國建國以來最強烈的震動，幾位開國元老聯手把江青等「四人幫」拉下台，鄧小平又重新回到中共的權力中心，舉國上下發生了改天換地的巨大變化，這是海內、海外，許許多多人都始料不及的。受盡文革之苦和「四人幫」禍害的中國平民百姓，像歡慶盛大節日那樣奔走相告，大受鼓舞。

隨著「四人幫」的倒台，中國人的集體惡夢似乎結束了，我感覺到四周圍的空氣都變得有一種自由的味道，人民的生活又有了新的起色和期盼。想不到的是，這時還有一個小小的消息傳來：那一個像喪家之犬似地死命追查周恩來遺言的市郊果園畜牧農場保安科長，竟然在一次車禍中喪生了。這也是大時代中小鷹犬的悲劇，從後果來看，他似乎是很無辜地被「四人幫」的黑暗政治拉下地獄了。但轉念想一想也是可憐，我連他的樣子也記不清楚，唯一的印象就是那一隻被刀疤橫貫過的眼睛。

一九七七年八月，中國共產黨第十一次全國代表大會召開。選出新的中央委員會，主席為華國鋒，副主席是葉劍英、鄧小平、李先念、汪東興。

這時候，國家的管治和各方面的政策，有了許多新的改變，重新打開了對外開放的大門。金堯如伯伯重新回到香港的《文匯報》復任原職，接著，曾敏之表叔也被委派到《文匯報》當副總編輯。

還有許多居住在惠吉西二坊二號「二聯」辦事處的紅樓上的香港員工子女，也先後獲得批准，重新返回香港的家庭去和家人重聚。

不過，羅海星暫時還顧不上辦理自己的事情，他的公司委派他去非洲和客戶洽談生意。而我，因為父親被選為全國政協委員，要到北京開會，卻由於他年老體弱，需要我陪同隨行。

這是我有生以來第一次乘飛機出遠門，所以，對甚麼都感覺新奇。北京的飛機場在郊區，到埗後還要乘坐一段汽車進入市區。眼看著這個古老的帝都，雖然已經進入了二十世紀，但處處還是顯現出封建帝制的架勢派頭。從機場進城的道路上，既有高級官員使用的紅旗牌轎車穿插橫行，也有騾子拖行的農家大板車不時經過，合成一幅幅古怪有趣的圖景。

我和父親下榻於市中心的西苑賓館，據說這裡不久前還是「四人幫」成員之一姚文元和黨中央文化部的悍將們佔據的地盤。

我們入住房間不久，就聽到門口傳來一陣陣爽朗愉快的笑聲，原來是父親的好朋友黃苗子伯伯、郁風阿姨伉儷和聶紺弩夫人周穎阿姨（他們親切地叫她「周婆」），一齊來探望父親。自從文革開始，他們分別已經十年，這些是劫後重逢，有說不完的話題。他們這一群還算是幸運的，有不少文化界的名人老朋友，已經不辭而別，永遠地離開了這個世界，不能與大家相聚了。接下來的好幾天，除了開會之外，我都不斷地陪父親去出席一些後補舉行的文化界人士追悼儀式，氣氛特別凝重。

政協召開會議的時候，我陪同父親走進大會堂。這確實是一個寬敞堂皇的巨型會議廳，而坐在舞台上的鄧小平雖然是最矮小的一個，但人們還是很容易就會把他認出來。經歷了三起三落的政治大風浪之後，他還是顯得那麼精神奕奕，很有活力。

散會的時候，我遇見一個有點眼熟，又不像是認識的老太太，正定定地盯視著我，然後開口問我是不是從香港來的？

我回答說我不是來自香港，而是從廣州來的。

老太太微笑點頭而去。有人在旁邊告訴我，這老太太就是文革期間被迫死的國家主席劉少奇的遺孀王光美，我不由得吃了一驚。

大會也有安排我們去看剛剛建成的毛澤東紀念堂，儘管不是很願意，但還是瞥了一眼那具躺在水晶棺內的乾屍，他如果真是有靈的話，感知自己身後的中國的種種，特別是由他本人一手發動的十年文化大革命，就這樣與「四人幫」一齊被結束了，不知道他是否還在這裡睡得安穩？而那些把他搬到這裡來讓民眾「供奉」的人，又有多少是真心實意地對他頂禮膜拜的呢？

當全國政協會議議程結束的那天，羅海星從非洲乘飛機回到北京，和我會合了。我們一起去了天安門，在艷陽高照下的金水橋畔漫步，就像邁入了人生的夢境，虛幻空靈的感覺纏繞在心頭。這是真的嗎？我們走到國家的中心地帶了。這裡是帝王權力的最高標誌，千百年來原封不動，儘管不同的風流人物在天安門城樓的歷史舞台上，陸陸續續地演出了不同的或詭秘或殘酷或激越的故事，但它依然屹立不變。雖然我們都只是匆匆而來，又匆匆而過的小人物，卻也有屬於自己的人生目標和運程。他即時含笑向我求婚，從此以後，我們兩人的命運將相互結合在一起。驀地，我才驚覺，原來我們相識相交已經差不多五年了，時間過得真快啊！

「我去外面轉了一下，覺得世界很大，所以我們不應該只限在一個地方發展。現在打倒四人幫，國家的所有東西都會重新開始上路，我們也應該有一個新的開始。」

羅海星面對天安門城樓，滿懷憧憬地說。

我點點頭，深有同感。

數天之後，我們徵得雙方家長的同意，把新婚的日期定在一九七九年元旦，也正好是新一年開始的一天。

這時候，經過這麼多年的交往，我對羅海星和他的家人，都已很熟悉和了解。他的父親羅承勳，主要負責《新晚報》的編輯工作，還要兼任《大公報》副總編輯，一年到頭都十分忙碌。他的母親吳秀聖，在《文匯報》當副刊編輯，除了要每天上班工作之外，還要自己動手，處理家務。他的四個弟弟妹妹，先後到英國留學，香港的家裡，只有父母居住。隨著年齡增長，他的父母雙親其實也很需要有人陪伴照顧的。

我和海星依照慣例，必須先向各自所屬的機關單位申報，得到批准之後，才能辦理登記結婚的手續。

有一天，我在工廠裡遇見一位年輕的車間女幹部，她是時下當紅的黨委書記。由於她和我年齡相若，平時有空也會閒聊一下。

「嘿嘿，你知道嗎？我們的組織已經派人去秘密調查過你的未來家公家婆了。」

她眨眨眼睛，壓低聲音，神秘兮兮地對我說。

我打了個突：

甚麼？未來家公家婆。

正當我的腦筋在用力地急轉彎時，她又湊近我的耳邊說：

「不過，這件事你一定要保守秘密，不能向任何人，包括你的家人透露！我是和你老友鬼鬼才告訴你的。據說你的未來家公人品很不錯，工作積極，任勞任怨。但是你的未來家婆就比較懶散，有小資產階級自由主義的傾向……」

我頓時感到背脊上冷嗖嗖的，天啊！我還沒有登記結婚，組織就已經對這一切情況掌控到如此程度，我今後的人生，難道也會離不開這些嚴密的監察？這又究竟有甚麼意思？我實在不敢再想下去了。

當我在惠吉西二坊二號的紅樓上見到羅海星，忍不住說出了自己的憂慮。

「他們這樣做，就是促使我把回去香港生活的事，再加快提到議事日程上來。我們在這裡辦妥結婚的手續儀式，就一起回香港的家去吧，不要再拖了。」

羅海星決斷地對我說，我當即點頭贊同了。迎著「孤魂亭」上無定向地吹過來的風，長長地舒了一口氣。

紅樓上的新婚與「逃婚」

一九七九年元旦，我們按照既定的程序，辦理了結婚的手續。有趣的是，我同時被工作的單位評為「晚婚積極分子」，獎品竟然是一個給嬰兒洗澡用的塑膠大浴盆！這真是我做夢也想不到的一個獎項！惠吉西二坊二號的二聯辦事處，在我們的婚禮前夕，給羅海星分配了三樓的一個房間，作為我們的「新房」。然而這個房間，原來是辦公室，三面是窗，卻連一掛窗簾也沒有，空蕩蕩的通透明亮得驚人。他未有向香港的母親求助，而他的父母也的確是工作忙碌，一年到頭只有新年前夕才能放下報刊的工作事務，匆匆忙忙地趕過來參加婚禮。其實，所謂的婚禮，也只不過是在酒樓訂兩圍酒席，宴請幾家親戚和朋友，簡簡單單地宣告婚事而已。在記憶之中，當晚的出席者有羅海星的一家、我的一家、曾敏之表叔的一家、金堯如伯伯的一家和二聯辦公室主任黃克夫伯伯一家，以及作家秦牧叔叔、紫風阿姨夫婦等等。

婚宴結束之後，羅海星的父母親和我們一起回到二聯的「新房」裡去。當時，我看見他的雙親經過舟車勞頓，疲憊不堪，就讓出「新房」給他們休息，免得再夜半三更的出去找酒店了。於是，我遂獨自離開，步行回到自己的家。好在只是隔了兩條街，路途並不遙遠，這也可以令大家相安無事地好好休息。豈知翌日起來，被驚見我回娘家的八婆劈頭蓋臉地教訓道：「你有沒有搞錯啊？作為新婚的新娘，你居然自己一個人在洞房之夜走回娘家來？哎呀呀，這是完全不合規矩的呀！知道嗎？要是在舊時，一定會被人笑話老鼠嫁女的呢……」

大家聽了，都哭笑不得。

跨過羅湖口岸，從社會主義到資本主義

我們結婚之後不久，申請到香港去的通行證就批發下來了。

這一下，就是真的要離開廣州，離開惠吉西二坊二號二聯辦事處的小紅樓了。我們坐在三面臨窗的「新居」內，百般滋味湧上心頭。

忽然間，門鈴響了。

我有點心不在焉地把門打開，只見一個滿頭白髮的女人站在門口。

我不認識她，但是也似乎曾經聽說過她的，看來她就是惠吉西的街坊組長，人稱「白頭婆」。據說她以前曾向派出所舉報過曾敏之表叔，說他在家開壇，講授甚麼封、資、修的書文，是「有意放毒，毒害青少年」云云……

無事不登三寶殿，這「白頭婆」居然自己找上門來了，該不會是出了甚麼事情吧？

我的心中不由得一陣發緊。

不料，「白頭婆」大模厮樣地走了進來，繼而，又滿面堆起笑容地說：

「恭喜，恭喜，新婚快樂！我現在特別來通知你們，有一個特大的優惠給你們！」

她一邊說，一邊向屋內四處探頭窺望。

「甚麼？特大優惠？」

我和海星都感到非常出奇，只聽「白頭婆」又鄭重其事地開口道：

「我們惠吉西二坊的居民街坊委員會決定，把今年的生育名額優先分配給你們，這其實是我爭取回來的，很多人想要都輪不上，好不容易得到的呢！」

我和海星互相看一眼，拼命忍住不笑出聲來，然後，海星對她點點頭，說：

「多謝你了，我們不需要這個優惠，請你把名額讓給別的人吧。」

「白頭婆」大惑不解地眨眨眼說：

「為甚麼呀？我沒聽錯吧？你們有仔都不要生？別的人想生都生不了！」

我的臉一熱，這人講話也太那個了。海星上前去，把她望向我的視線擋住了，再對她解釋道：

「我們自有計劃，不會佔用街坊的名額，很多謝你的關心。」

「白頭婆」應過，自覺沒趣地告辭了。

我下意識地打量一下自己的腹部，原來這個也是已經被納入「計劃」之內了，真不知道是好氣還是好笑，到底還是孫子兵法最好的吧，「三十六計，走為上計」也。我向他表示，我們自己的未來是屬於自己的，根本不需要任何人來計劃。他完全同意，並且笑著把我擁上床。

在一個深春的早上，我們乘上了開往羅湖的列車，向著香港進發。

香港，這個充滿了詭秘的誘惑力，又成為多少年禁忌的地方，終於讓我們越來越接近了。

在我童年以及成長的歲月，每每在官方的書報媒體上看到被描繪的香港，都是充滿殖民主義的罪惡，四周圍吹襲著「資產階級香風臭氣」的資本主義的地獄，甚至乾脆被形容為「臭港」、「暗無天日的資本主義社會」等等。猶記得一位同學偶然看見了一張藍天白日的香港景觀的彩色照片，不敢置信地驚呼：「這真的是香港嗎？怎麼香港這個黑暗的資本主義社會，居然也會有日光日頭的？」

這真是令人啼笑皆非，也可見封閉的社會主義社會宣傳機器的「洗腦」效應，影響真是匪夷所思的強大。

我還是慶幸自己能夠比那些被愚弄的人提早一點見識真實的香港。

而他，海星自從十六歲跨過羅湖橋到廣州入讀大學之後，就被禁止出境十多年，直到今時今日才能重新回到自己生長的香港，更是百感交集，難以一一言表。和我們一起同行的，還有香港《文匯報》總經理王家楨的公子王志軍。他的經歷更加離奇曲折，那時候剛剛從屍橫遍野的越南戰場歸國不久，還成為獲頒二等功勳章的國家戰鬥英雄。不過，高大威猛的他，此刻老老實實地說出心裡話：

「說真的，以前我並不把生生死死的問題放在心上。但是，經歷過中越戰爭的這一場大仗，親眼看見戰場人命的喪失只在幾秒之間，我們一個團的士兵只死剩下一個班，實在是太可怕了，我現在比以前任何時候都怕死，就是覺得自己再也不能白白浪費生命了，一定要盡快回到香港回到家，回到自己的父母身邊。」

聽了他的話，不能不令人動容。他的父親原來是在《澳門日報》工作，母親是鏡湖醫院的護士，他還有一個妹妹，一家四口本來生活安定。後來，按照中資組織的規定，他和妹妹被送往珠海讀書，文化大革命中，他參加了國家人民解放軍，突然，在一夜之間被派往越南戰場。消息傳到澳門的雙親耳中，可憐他的母親幾乎天天哭斷腸，卻也無法改變他的處境，只能硬著頭皮，賭出爛命一條。不幸中之大幸，他沒有在戰場上壯烈犧牲，而是能立功而回。他的母親即刻申請回香港，因為他的父親調到香港《文匯報》工作，他的母親也轉到香港的新華社診所做護士。王志軍的年紀比我們小，一心希望回到香港和父母團聚之餘，再繼續求學。

從廣州到深圳羅湖的路程，並不是很長，但檢視自己走過的人生道路，每一段，每一步，無一不是與國家多變、無常的歷史軌跡緊密相連，心情不能不沉重、複雜。但我相信以後也會常常在這條路上往返的，我還是放不下生活了二十多年的廣州的家，還有歷經過十年文化大革命苦難的年邁雙親，以及弟弟、妹妹們。

火車到達終點站了。

「呵，這裡的變化還不是很大。」

羅海星環顧著四周的環境，說。

很快地，羅湖橋在望了。

橋在深圳的這一頭，有五星紅旗飄揚，荷槍實彈的解放軍站崗；而橋的另一頭，就是插英方的香港旗，由英軍士兵守衛了。這條橋雖然不大也不長，卻是從社會主義到資本主義兩個不同社會的分界線。雖然我們手上都掌握著通行證，還是難以遏止住內心的波濤洶湧……

好在一切順利，我們暢通無阻地通過了兩邊的關口，直接走到港九火車站的月台，一下子就見到了海星的母親與王志軍的母親，她們一早就結伴而來，等候已久，大家即時高高興興地會合在一起。

乘上開往九龍市中心的火車，感覺眼前的一切都井然有序，潔淨舒適，也可以說是比較人性化，和羅湖橋那一頭的環境、面貌截然不同，難道這就是香港資本主義社會的特色？我還不敢下這樣的定論，但第一印象的確是相當良好。香港的經濟其實是在七〇年代才全面起飛的，我們所看到的是七〇年代末期的香港，一切都已經甚具成效。

火車到達終點站，我們再轉乘隧道巴士，很快就回到香港島的家。那是在中半山上的舊式公寓，據說本來在陽台上是看到一片海景的，可是眼前已有幾幢大廈拔立，擋住了大部份的視線。

海星的母親告訴我們，房子是租來的，以他們的工作薪酬，一直也不可能自置物業。

海星的父親非常忙碌，直至當晚深夜才能從報館回家，見到我們自然歡喜，但是談不上幾句話，他就疲累得倚在沙發上呼呼入睡了。

香港精英的精緻生活

接下來的日子，大體上也過得很平靜。一個「三聯」子弟的父親，是中資金融機構的高層領導人，他看中羅海星的英文好，又曾經在中國的外貿公司工作過，就力邀海星加入其機構下的英文《經濟導報》。盛情難卻，又因為業務大致上對口，海星便欣然接受了，便去了《經濟導報》上班，擔任編輯工作。

而我那時候因有孕在身，暫時不考慮工作的問題，就和王志軍一起，報讀了附近的一間英語商業學校。本來，我是準備到海外留學的，但因為懷上了孩子，不能即時如願。志軍就按他自己的計劃行事，準備在香港補習英語之後，再申請加拿大的學校去留學。

不久之後，我聯繫上我母親的堂姐姐，也就是我的瑪利姨媽。由於她近年常常跟炳良姨丈去廣州參加出口商品交易會，而每一次都探望我們一家，彼此都很熟悉了。姨丈林炳良是一位退休的律師，早年在英國接受教育，卻很有愛國的熱情。

早於一九四九年，當時的中國航空公司，簡稱「中航」，以及中央航空運輸公司，簡稱「央航」，這兩間航空公司的飛行員於當年十一月九日集體自香港駕駛十二架飛機飛回中國。之後，兩航停泊在香港啟德飛機場的七十一架飛機引起海峽兩岸爭奪以致美國介入。而炳良姨丈為中方的辯護律師，贏得了官司，取回了那一批飛機和零件，為新中國的民航事業，提供了一個重要的起步。他對羅海星的父親羅承勳先生甚為敬佩，得知我和海星順利來到香港，與瑪利姨媽一齊大表高興，又是張羅飯局，又是邀請遊覽新界西貢，由於他們喜歡那帶的海光山色，所以不斷地買下了多間別墅和公寓。

那時候，瑪利姨媽和炳良姨丈年事已高，膝下卻無兒無女。退休之後，便讓親戚幫忙做一些小小的出入口生意。他們夫妻二人，平日無所事事，就會驅車到中環的文華東方酒店或尖沙咀半島酒店去喝喝咖啡下午茶，晚上再到不同的餐廳酒樓用膳。我來到香港定居之後，他們不時地邀請我過去陪伴。就這樣，在待產的日子裡，我不時地陪伴著瑪利姨媽和炳良姨丈，坐在文華東方酒店或是半島酒店的豪華餐廳裡，喝著香噴噴的咖啡或奶茶，聽姨丈和姨媽談著種種商業商品計劃，包括他們想把其中的一幢別墅，改建成一個香港唯一的中國手工藝展覽館，並有意讓我把展覽的歷史及現實意義寫出來，吸引更多的人來參觀。談得興起，我們再到北京樓或翠園、富麗華、希爾頓酒店進餐，享用珍饈佳餚。那真是香港精英的精緻生活，我也能細細地品味了。

翌年，我順利地誕下女兒，炳良姨丈和瑪利姨媽送禮慶祝之餘，向羅承勳先生提出一件事情，希望得到幫助：他們的老朋友、英國劍橋大學岡維爾與凱斯學院的李約瑟教授（Noel Joseph Terence Montgomery Needham）他是世界知名的生物化學家和漢學家，其所著《中國科學技術史》對現代中西文化交流影響深遠。他與助手魯桂珍博士來香港講學以及要為劍橋大學的東方研究所籌款。炳良姨丈想請羅承勳先生將此事轉介予霍英東先生，為李約瑟幫忙，促成其事。

羅承勳先生一一了解情況後，很爽快地答應了。經過他的引薦，霍英東先生和李約瑟教授見了面，並且捐出七十萬元港幣給劍橋大學東方研究所作建築費用，這筆款項在當時是一個不小的財富。

此事圓滿成功，李約瑟教授和我的姨丈都十分高興，炳良姨丈和瑪利姨媽還特別在陸羽茶室宴請李約瑟教授及其助手魯桂珍教授，以及我們羅家人，雙方都留下了美好的印象。

不久之後，林炳良姨丈因為眼看著羅承勳先生終日為報館的工作勞碌奔波，總是不能好好地休息，於是，就提出把自己在西貢清水灣海旁的其中一個空置公

•1982年與李約瑟教授合影。左起:羅孚、李約瑟、魯桂珍。站立者左起:周蜜蜜、吳秀聖。

寓，借給他和家人作度假屋。由於彼此都是有時常來往，相當熟悉的親戚關係，羅承勳先生欣然接受了。於是，每逢週末假日，我們都會到那裡去小憩，享受一下陽光海灘的舒適快意。這也是羅承勳先生在報館辛勞工作幾十年，從未享有過的輕鬆時光，可以暫時放下手頭上的工作，和兒孫家人歡聚一下，實在也是很難得的。殊不知，這竟然埋下了日後被別有用心的小人誣陷暗算的險惡伏筆。

China trade 的「頭啖湯」

文革結束之後的中國，在鄧小平的領導下，實行改革開放，龐大的經濟市場潛力，很快成為美國、西歐、以及日本等工業大國的競爭目標，港澳也不例外。

羅海星在《經濟導報》工作了一段時間之後，就被所屬機構的領導抽調出來，進入新成立的貿易公司，專門做 China trade 的工作。

在那一個年代，到中國做生意，香港人將之簡稱為 China trade，人人爭相談論，似乎十分熱門，但真正做起來，需要解決的實際問題還很多，而首要解決的就是人才問題，必須要有精通業務的人，願意比較長期地往返海外和大陸，為出入口商品的貿易奔走工作。這樣的人才除了要懂得用不同的語言溝通之外，還要熟悉中國的國情和商情，更要精通業務。如果還加上有需要的人脈關係，那就真是更加難得了。而羅海星，恰恰就是符合了這所有的要求。

當然了，China Trade 的工作甚具挑戰性，薪酬也相對比較高，要付出的時間和精力也很多。羅海星很快就打通了廣州的渠道，在他所屬的公司名下，成立了穗港合作經營的五羊計程車公司，是最早期的粵港合作成功先行者，將海外通行的乘客揚手即可招來出租車的做法，首先由香港帶到大陸。同時，他們的五羊公司還有一個創新，就是打破了坐計程車只收外匯券的普遍慣例。這也大大方便了市民，令出租車的生意手法更加靈活，可說是喝到了 China trade 的「頭啖湯」

（第一口甜頭）。

然而，中國在開放改革的初期，由於內地缺乏資金與外匯，主事者的思想也比較僵化，生意往往因談不攏而難以展開。整體的經濟形勢發展，不是過熱就是過冷，很難預測。羅海星為公司的中港貿易合作東奔西跑，費盡心思。繼合作經營出租車公司之後，又開發房地產，建酒店等等，三天兩頭的往廣州跑，但又經常不是待在辦公室，而是出去尋找業務商機，越來越忙碌。一年到頭，他回香港和我見面的時間也越來越少了。不過，我們也有一個共同的想法，就是能夠為搞好中港之間的經濟合作和發展，再忙一些、累一些，也是值得的。尤其是羅海星，他為自己能在大陸與香港不同的經濟環境下，擔任一個「拓荒者」般的角色而多多少少感到自豪，引以為榮。事實上，羅海星在行內和客戶中也得到了好評，被稱讚為「風流儒雅，英文了得，人才出眾，處事得體。」

打破左右隔閡，活躍於香港文化界的羅承勳

在香港的許多文化人都知道，羅承勳身為左派報刊的主編，其實身負著為中共統戰香港文化人的黨內任務。

統戰，在一般人的心目中，是個令人望之生畏的政治名詞術語，避之則吉。然而實際上，羅承勳的人緣很廣，但對於藝術界的人，卻是多談文學藝術創作，少談甚至不談政治問題。由於他謙和待人，談吐幽默且才華出眾，所以無論是左、中、右各方面的文化藝術名人好友都很多。曾經有幾位從來不願意和中共打交道的港、台文化名人，應羅承勳邀請共進晚餐，飲酒論藝，席間天南地北，無所不談，大家無拘無束，禁不住真情流露，頻頻舉杯，打破了左派與右派文人不相往來的隔閡，不斷地互相舉杯高呼：「為長江乾杯！」「為黃河乾杯！」

賓主各人暢飲共醉，成為香港文壇上的佳話。其中，有一位先後在台灣和香港大學任教的徐復觀教授，且曾任蔣介石侍從室機要秘書，擢升少將。徐是新儒

家學派的大家之一，亦是台、港最具社會影響力的政論家。他原來是羅承勳在報刊上論爭的對手，但後來彼此都很賞識對方的才華，成為過從甚密的好朋友。羅不時地到美孚新邨的徐家去探望他和家人，當設宴款待的時候，也會帶上我們一家大小陪席。因此，我們一家與徐家的人都漸行漸近，徐復觀的兩個兒子，每從台灣來，我們都會聚會。而我的女兒出生，他們也熱情地送禮慶賀。

對於一些從大陸出走，到海外和香港求存的藝術家，羅承勳也盡力幫助和支持，比如音樂家傅聰和畫家林風眠。尤其是後者——會直接協助林老開畫展，售畫作。我們全家人都十分尊敬林老，逢年過節也會和他一起吃飯聊天，我不時帶著孩子到林老府上作客，林老開心得笑不攏嘴，彷彿成了返老還童的孩子。多少年過去，林老差不多就像成為了我們的家人一樣。

羅承勳的文化界朋友圈子，有大的，也有小的。比較親密的，自然是同一界別的多年同事和戰友。其中之一有查良鏞先生，即是以筆名金庸寫武俠小說的著名作家。羅家與查家相熟已久，因為查良鏞原本也是羅承勳在《大公報》的同事，一直關係密切。只是查良鏞後來離開《大公報》，另起爐灶，創辦了《明報》，銷量遠遠超過了《大公報》。後來，金庸名氣越來越大，主要還是因為他創作的武俠小說，形成有華人的地方，就有金庸讀者的局面，據說連中共領導人鄧小平，也喜歡閱讀他的武俠小說。

另外，與羅家關係比較深的還有劉芃如太太楊範如和她的子女。劉芃如本來也是《大公報》的編輯，英文水準很高，除了翻譯新聞電訊之外，還翻譯文學作品。但是很不幸，五〇年代的一天，他要出差去東南亞，乘坐的飛機被放炸彈，在飛行途中爆炸遇難，遺下妻子和三個兒女，無依無靠，淒慘可憐。那時候，楊範如也在《大公報》任職，可是薪金低微，生活頗為艱難。羅海星的父母便責無旁貸地承擔起照顧他們一家的責任，直至他們移民到加拿大。當孩子們成年之後，他們一家又回流香港。劉家大兒子劉天均當了移民律師，次女劉天梅在金庸的《明報》機構任職，幼女劉天蘭從事時尚娛樂事業。他們一家一直和羅家保持良好的關係。

有一次，羅、劉兩家人一起飯聚，劉家幼女劉天蘭帶了一個男性朋友出席，這是大家都比較陌生的。只見來者身材高大，聲音洪亮，最引人注目的是他那一頭蓬鬆的捲髮，加上鼻樑上戴著一副深度近視眼鏡，予人一種滑稽古怪的印象。劉天蘭當即向大家介紹說，這是她的男朋友岑建勳。

吃過晚飯，回到家裡，羅海星的小弟弟羅海雷即發議論道：

「糟了，糟了，劉天蘭居然愛上了一個勁似稻草人的傢伙，還準備嫁給他呢。」

「稻草人？」這形容詞真是生動又貼切，我們都被逗得大笑不已。

此話很快就成真，不久之後，就收到了劉天蘭和岑建勳共諧連理的婚訊。岑也以「獅子頭」的奇特造型，成為香港影壇上著名的諧星，其扮演的「潮州怒漢」的角色，迅速地深入民心，大受歡迎。

後來，海星父親出事，我們整理他的信件、物品，發現其中有一份內部備忘

• 周蜜蜜與羅海星年輕時合照

錄，是記載多年以前，有關方面向他發出的指示，要求他監視和匯報「托派分子[1]」岑建動的言行。這真是不可思議的事情，岑原來是一早就被中共地下黨視為敵對份子的！而他是多年前在法國留學的時候，受到當地學生運動的左派思潮影響，加入了共產國際，成為托派分子。

岑建動和劉天蘭的婚姻沒有維持多久就結束了，但他們之間打破華人傳統的世俗眼光，依然保持著良好的關係，甚至於岑再婚另娶以後也是這樣。令人意想不到的是，在一九八九年震驚世界的天安門六四事件前後，岑建動成為香港支持北京學生聯合行動委員會的主要負責人，策劃了協助學生領袖出逃的「黃雀行動[2]」，在當代歷史上寫下了重重的一筆，而羅海星更被深深地牽涉其中……

1 托派是蘇聯工人運動中以馬克思主義者、軍事及革命理論家托洛斯基為首的政治派別，相信透過不斷革命來達至世界共產主義。

2 一九八九年六四天安門事件後，以司徒華為首的香港民主派人士發起地下行動，秘密營救遭到中共通緝的政治異見者如柴玲、吾爾開希、封從德，協助他們前往香港或海外。

第四章

香江光影　波譎雲詭

• 在電視台工作，與藝人馮寶寶和音樂家蔡崇力合照

新奇刺激的電視台工作

我在女兒出生的幾個月之後，進入電視台做編劇工作。這是我很喜歡的職業，一來可以好好地了解香港的環境和社會上不同的事物、人情，二來可以重新執筆寫作，發揮自己原本所長。

本來，要成為電視編劇之前，必須考入電視台的編劇訓練班，學習數月的編劇課程。但是，我要加入的時候，編劇訓練課程已經結束，只能用自己的一個編劇作品呈交給電視台編劇組的主管審查。幸好很快就得到當時編劇組的主管梁立人先生接納，我不用通過編劇訓練過程，就可以簽約成為正式的電視編劇。不過，底薪偏低，大約每月只六百元左右，如果想增加收入，就必須爭取多發表劇本作品。記得我進入電視台的第一天，恰巧遇上我父親的好朋友田蔚阿姨。她是當年派往香港的新華社社長王匡的夫人，分管文教工作。田阿姨關心地詢問我在電視台的工作和待遇情況，擔心地說：「一個月只有幾百元，太少了，那怎麼生活？」

我回答說會努力嘗試的。

生平第一次擔任電視編劇的我，對電視台的一切，都感覺新奇刺激。編劇主管梁立人先生，態度和藹，平易近人。大家都叫他「幫主」。他告訴我，他是從大陸游水偷渡過來的，剛到香港時，身上只有五元錢。而這裡的編劇，差不多百分之八十都是偷渡來香港的！我很快就發現，其中有一個編劇，是我在廣州時已經認識的王啟基。他很有寫作才華，原來是上山下鄉知青，被我媽媽發掘加入廣東作家協會文學雜誌《作品》舉辦的寫作學習班。他的作品不僅在雜誌上發表，還被選為語文教材，電影公司也準備用他的劇本拍電影……正當我母親等有經驗的作家提出讓他加入作家協會之際，卻遭到了監管作協的解放軍代表反對，理由是他的出身不好，其父曾經被劃為「右派」。王啟基得知後十分氣惱，憤而放棄一切，偷渡來了香港，成為電視台的編劇。

真想不到他和我在電視台重逢了！我們興奮地相互告知在廣州分別後的經歷。原來他在出發偷渡時曾經在一個村莊被民兵逮捕，押解到生產大隊黨支部書記處。他心中暗叫不妙，以為這次死定了，誰知那個書記竟然叫他把自己的兒子也帶去偷渡！這真是比編造的劇本還要離奇！他還告訴我，做電視台編劇，只是為了生活，最終目標並不在此，畢竟他還是志在文學創作，希望日後能創作出高質素的文學作品，獲取諾貝爾文學獎。在電視台工作之餘，他還跟隨一個諾貝爾獎評委學習英語。過了幾天，他真的帶我去見那個評委，一位懂得中文的瑞典人。

在電視台，我最初的工作是編寫兒童節目《醒目仔時間》的劇本。這是一個綜合性的兒童節目，除了每天有主題性的「布公仔劇場」之外，還有知識性的專題、卡通故事等等。其實劇本寫起來不難，難的是每天要緊扣時事以及兒童在學校和家庭的生活情況變化，擬定不同的主題，再限時限刻地趕寫劇本。有時候急起來，導演就坐到我的面前，一刻也不放過地死命催稿，等著寫好一頁就取走一頁，氣氛緊張得不得了。我往往因此而忘記了進食，弄得常常胃痛，苦不堪言。

經過一段時間，我比較適應了，上司又讓我多編寫一個節目：《下午茶》。這是一個專為女性設計的消閒娛樂節目。包括清談、訪問、美食烹飪、時尚美容、旅遊觀光、風水命理⋯⋯等等。這個節目的劇本也不難寫，主要是給主持人寫講詞。原來她們在節目上講的每一句話、每一個字，都要寫下來，而且必須完全是口語化的。好在我也熟悉本地的方言，寫起來也比較容易。很快地我和主持人成了好朋友，其中一位還熱情地邀請我去她的家同住一兩天，事緣她的丈夫是做中國生意的，要去大陸數天談業務，她不想一個人獨處家中，因此，在電視台做完節目之後，便力邀我去陪伴同住。礙於情面，我無法拒絕，就跟著她去了在港島太古城的住宅。進了屋之後，我才發現，她丈夫的父親，也就是她的家公，原來竟然和我的母親是同學兼好友！頓時令我覺得就像一首歌曲唱詞：「世界真細小、小、小，小得真奇妙、妙、妙⋯⋯」

無獨有偶，多年以後，我和香港的一個作家代表團訪問加拿大溫哥華，在當地華人的加華友好協會主辦的歡迎儀式現場，見到了她的家公，他正是這個協會的會長！當晚，他又力邀我到他家裡作客，並且即時打長途電話給我母親「報驚喜」，那更的確是「無巧不成書」了。

自從編寫那個婦女節目之後，也令我擴闊眼界，認識了更多香港的人和事。

在那個節目中，有一位專門講解風水命理的嘉賓主持人，他既是星相學家，又是文學愛好者和專欄作家，與我的媽媽，以及曾敏之表叔也原來相識。他告訴我，看風水和命相，其實是為了觀察人及人性，也可以作為寫小說的題材。有時候，他在電視台主持完節目，順道開車送我和另外的主持人回家，或許也會到預約的寫字樓去看風水。也不過是講那麼幾句話，客戶就會送上大紅包「利是」，連我們隨去的這些人也有一份兒，每一封「利是」大約都有五百元以上，抵得上我當時的大半個月底薪了。可見他所做的那一行，是多麼容易賺大錢。

我最中意的節目內容，就是美食介紹。每次寫稿之前，我都會去不同的餐廳、酒店試食。記得最貴的一個菜式，是紅燒螺片，每一塊定價八百元，令人咋舌。那時候剛剛開發尖沙咀東部，每一間新的酒店落成，都會請我們去餐廳試食和拍攝。短短的一年之間，我幾乎把那裡新建的酒店餐廳名菜都吃遍了。

過了不久，我又多接受了一個晚間綜合節目的編寫任務，那完全是娛樂性質的，為夜歸的年輕人和職業人士而設。其中的一位節目監製，也是當紅的歌星。他有時會請我們到他駐場的尖沙咀新世界中心去看他演唱，一起度過愉快的時光。

就這樣，不知不覺的，我同時為三個節目撰稿，收入竟然達到每個月七千多元，這在當時算是比較高的了。但是，當然也要付出更多的代價。我常常在半夜三更接到電話，要趕到電視台看片寫稿，總是召之即來，隨叫隨到的。為了方便工作，我和羅海星搬離他父母親香港島新東方台的家，住進瑪利姨媽名下的九龍塘花園住宅，那裡距離廣播道的電視台比較近。

工作越來越繁忙，我不得不把幼小的女兒送回廣州母親的家，請當地的保姆去照顧。我父親非常疼愛小外孫女兒，但可惜他的身體越來越差，在一九八一年入春以後，父親的哮喘病發作，引起迸發症，猝然離世。羅承勳代表香港報界和文化界人士，專程上廣州出席悼念儀式。

父親他老人家看不到我女兒的成長，是我永遠的傷痛和遺憾。

白雲迷霧藏危機

到了一九八二年，我在電視台的工作越來越繁忙，除了做幾個綜合節目之外，還要參加長篇連續劇的編寫工作，有時要開會討論劇情大綱，遇到「樽頸」（瓶頸）被卡之時，需要集體「度橋」到深夜，甚至通宵達旦。結果，我是越來越難抽出時間上廣州探望母親與女兒。反而是羅海星所屬的工作機構，打開了和大陸做生意的門路，設立辦事處，首次進口出租車到廣州經營。他去出差公幹的機會越來越多了，也可以忙裡偷閒去看看女兒。他的一個姑媽，也就是羅承勳的姐姐，在廣西桂林老家知道我們的情況之後，提出想來廣州，到我母親的家去照顧我的女兒。老人家盛情難卻，我們感激地答應了。

一九八二年春天，姑媽從桂林到廣州的日子，海星和他父親也一起上去。羅承勳多年未回家鄉探望姐姐，這一次正好有一兩天空暇，就陪同她在廣州市的旅遊景點觀光。於是，海星駕駛一輛他們公司的汽車，和他的父親、姑媽一同上白雲山遊覽。

到達目的地之後，他們下了車，把錢包和證件鎖好在車上，就走開去遊玩。

當他們在景點遊玩過，重新回到車上的時候，發現羅承動的香港身分證不翼而飛。真奇怪！車門鎖得好好的，錢包甚麼的還在，唯獨是身分證不見了。父子二人遍尋不獲，萬般無奈，只好打電話回香港，向報館的領導報失。報館方面很快通知羅太太，取了羅承動的回港證，準備派專人送上廣州，好讓他持證出入境，回來香港。

豈料到了翌日，羅太太接到香港新華社秘書長楊奇的電話，說不用取送羅承動的證件了，因為他剛剛接到北京方面的通知，要即時飛過去參加一個緊急會議。

於是，羅海星送走父親之後，獨自回到香港來。

本來，羅承動的證件在白雲山上失竊，是一件不可思議的詭秘之事，更詭異的是，他隨即被臨時臨急通知北上開會，之後竟然和所有家人及報館方面失去聯繫，音訊全無。這是前所未有的事！彼時在香港《文匯報》供職的羅太太感覺不妙，事態嚴重，她和海星多次向駐港新華社的有關人士查詢，都不得要領。

時間一天又一天，一個月又一個月過去，我們所有家人心急如焚，還是得不到羅承勳的任何訊息。緊接著，各種各樣的謠言和恐懼，從四方八面襲來，令人惶惶然不可終日。三個月之後，報館停發羅承勳的工資，單靠羅海星的母親的工資難以支撐生活，而他的幾個弟妹還在英美勤工儉學，他不得不全力支撐起家庭經濟的大局了。

過了不久，當時的《大公報》社長費彝民從北京開會回來，才告訴海星說：「羅承勳有問題，在北京接受審查，他的妻兒可去京探望。」

這真是令人難以置信！

「羅承勳有問題」？

一個生活儉樸，廢寢忘餐，長年累月勤勤懇懇地為國家工作的文化人，會有甚麼問題？竟然就這樣不明不白地被扣押起來數個月之久，無論國法還是家規，實在都是說不通！

這個突如其來的壞消息，不僅僅是我們家人想不通，就連報館的大部分編輯記者也想不通。在海星和羅太太的極力爭取下，北京方面同意安排羅太太上京與丈夫見面。但規定見面時只能「閒話家常」，關於羅承勳的被審查的任何問題，一律不得提及，否則「後果自負」。結果，在短短的會面期間，他們夫妻二人相對，默默地垂淚十多分鐘，才勉強控制住激動難過的情緒。羅承勳向太太了解家中各人的情況，並且表示自己沒有做任何錯誤的事情。這一次會面，不但沒有找到問題的答案，還帶來了更大的謎團。

這時候，我在電視台又接到了新的工作任務：乘遠洋郵輪出發，去台灣基隆及日本沖繩，拍攝一個旅遊特輯節目。臨出發的兩天之前，我去檢查身體，得知自己又有了身孕，懷上第二胎，心情一下子變得很複雜。

羅海星恰在這時候轉換了工作：在一次工作時的偶然情況下，他認識了香港新鴻基公司的大老闆馮景禧先生，並且得到對方的賞識。那時候的馮景禧，可以說是香港金融界的風雲人物。他原來和香港四大地產商中的郭德勝、李兆基等一起合夥做房地產開發生意，後來，業務規模發展越來越大，於是三個人友好分手。馮景禧就以金融為主業，兼做證券、銀行和中國貿易。他也是最早看到內地市場的先機，而他的中國貿易範圍很廣泛，從輕工業設備為主的設備進出口、大宗糧油食品進出口、電子產品進出口到展覽會服務等等都有涉及，後來還擴展到房地產酒店與工業投資。馮景禧還高瞻遠矚，知人善任，在他的公司名下，廣納香港的青年才俊，這些人後來都成為香港財經界的風雲人物，包括貿易發展局的蘇澤光、九巴的陳祖澤、九龍倉中國地產的周安橋、南華集團的吳鴻生等等。他日理萬機，還是不時親自到廣州視察業務，遇見羅海星時覺得這年輕人頭腦靈活，溝通能力不錯，而且富有幽默感，面對中國貿易錯綜複雜的問題，也懂得冷靜地分析，提出有助於解決的方案方法。不久之後，馮景禧力邀羅海星加入他的新鴻基公司從事中國貿易工作。於是，羅海星離開了原來所在的中資機構，轉到新鴻基駐廣州辦事處上班。

就是這樣，除了可以得到比較好的薪酬待遇之外，羅海星還能夠比較接近女兒和我母親，以及他的姑媽，方便互相照顧，我也可以更放心地在電視台工作。不過，由於他父親羅承勳被扣押在北京，問題還是懸而未決，我又意外地懷上了第二個孩子，實在是有點措手不及的狼狽和惘然。

出發的日子到了。我和電視台的導演、攝影師、錄音師以及節目主持人一齊集合在尖沙咀的天星碼頭，再登上一艘巨大的遠洋郵輪。這是我到香港以後，第一次出洋遠行。卻是做夢也沒想到是在那樣的情況之下出遊的。

這一艘郵輪很大，設有寬敞的游泳池，還有Disco舞廳、電影廳、數層餐廳等等，各種各樣的設施，也算得上是「豪華」的了。船長對我們一行人十分客氣，入住的房間也相當舒適。但我卻無心享樂和睡眠，一來對航海生活不習慣，有些暈乎乎的感覺，二來心中惦記著羅承勳被軟禁在北京的事情，三來自己身上有了額外的「負擔」，四來電視台的拍攝任務有一定的壓力……

第二天天朦朦亮，我們就要走到甲板上拍海上日出。我拿出預先寫好的講稿，交給節目主持人，讓她先熟讀了，再進行拍攝。

睡眼惺忪的她，努力地打起精神，一頁一頁地翻閱講稿。忽然之間，一陣強烈的海風吹過，她的手不知怎的一鬆開，幾頁講稿就像斷線的風箏飄飛起來，落入茫茫大海之中。

天啊！我當場看傻了眼。

「對不起！對不起！」

她一疊聲地對我說。

那也是於事無補的。

我無奈地皺著眉頭，按下湧上喉嚨的不適，再拿起紙筆，與即將初升的太陽比賽，重新書寫幾頁講稿。

這真是出師不利。第二天，郵輪到達台灣基隆港。由於我的台灣簽證未能趕得及辦理，只能繼續留在郵輪上。等拍攝隊登岸以後，取得有關的資料，即時送上船給我，讓我馬上根據資料撰寫講稿，再交給主持人閱讀拍攝。這是我破天荒第一次執行的海上趕稿任務，頭昏腦脹地飛筆書寫，在最短的時間內匆匆完成。

郵輪離開基隆碼頭的時候，海面有些風浪，但見一位身穿長衫上年紀的男子，手持著一本金庸小說，氣定神閒地閱讀，完全不為外界環境所動。有人悄悄地告訴我，他是台灣上來的蔣緯國。

用餐的時候，有一位香港商界的名人突然向我走來。在沒有任何準備的情形下，我不禁嚇了一跳。只見對方和顏悅色地對我說，他公司屬下的一個慈善機構的周年紀念日即將來到，有計劃拍一套影片在有關活動上放映。他想邀請我為影片撰寫解說詞，並提出可觀的報酬金額。這真是意料不到的「奇事」，我答應回香港後再了解詳情。

第三天，郵輪開到日本沖繩島，在那裡停泊兩天。我們要拍攝守禮門古蹟、溶岩洞景觀、海底珊瑚、植物公園、戰壕遺址、「萬座毛」風光……等等項目，行程安排得緊緊的，一刻也不能停。我更是必須邊走邊寫稿，幾乎連喘口氣的時間也沒有。

最後一天，颱風來了。沖繩的夏天，颱風頻密而強勁，和香港完全不同。郵輪避過颱風正面吹襲的一天，才再次起航。

雖然只是「風尾」，但大海上仍然有湧浪，郵輪搖搖晃晃的，令人覺得很難受。我和導演、節目主持人都暈船不適，也不敢回到房間去休息，只是坐在甲板上的沙灘椅苦苦地捱過去。但三天三夜的航程，就像被囚禁在海上的牢獄那樣難以忍受。所有食物放在眼前，都會令我反胃欲嘔。對我友好的船長，親自拿著一碟龍蝦來勸食，我卻連看一眼都不要看。只是眼睜睜地看著茫茫大海上日出又日落。黑夜來臨之際，不見邊際的海上，似乎只剩下自己孤單地在風雨中苦航，令我不由得回顧認識羅家人、南下香港之後的種種事情，百感交集，不知何時才能重返安寧的世界？

• 電視台拍攝工作

風雨之中求安寧

回到香港以後，工作越來越繁重繁忙，但我懷著身孕，吃不下，睡不好，越來越消瘦。羅承勳在北京方面的消息，依然沒有新的進展，也令人越來越擔憂。

在電視台，我除了擔任綜合節目的編寫工作之外，還加入了長篇連續劇的創作，這是一種前所未有的「趣怪」經驗。

在香港，長篇連續劇都是通俗的流行劇，當時的觀眾定位，是所謂的「牛頭角順嫂」。只要這些大媽大嬸級的人看得明白，又喜歡看的話，多半會取得比較高的家庭收視率，就算是成功了。

至於劇情的創作大綱，首先有一些人是專門「度橋」的專家，即是劇情策劃人。但這些人其實不是天生的有腦「有橋」，我在電視台不幸遇到的其中一個，就是頭大冇腦、四肢發達者。他的劇情橋段，幾乎都是來自時下流行的電影，所以開會的時候，他總是叫我們去參考甚麼甚麼電影的甚麼甚麼場面。他所設定的劇情，都是從不同的中西方流行電影情節中「偷橋」而來，東拼西湊，集之大成。有的橋段明顯不通，令我們這些動筆寫劇本的編劇大為頭痛。記得有一次編寫岳飛被十二道金牌召回的故事，度橋者居然提出傳送十二道金牌的傳令兵為保守秘密，居然要把金牌吞進自己的肚子裡，再走到前線去找岳飛。天啊！我說這傢伙如果吞下了金牌，結果不就一命嗚呼了嗎？怎麼可能還跑得上前線？只會見閻羅王，不可以見到岳飛的。實在是忍不住了，就和度橋者爭得面紅耳赤。編劇策劃會議，有時開會開到通宵達旦，也未能解決問題，定下劇情大綱，唯見白粉牆上留下一個個烏黑的鞋印，就是與會者情到激時伸腳亂蹬出來的，劣跡斑斑，慘不忍睹。

那些長篇連續劇的導演也很有趣，有的整天手中拿著一本日本的漫畫書翻看，他就是根據那些畫面來將劇本分場分鏡頭的，還說是萬試萬靈。

由於電視連續劇都是集體創作的，編劇的作用被視作「車衣廠的熟手女工」，是流水式的作業，即編即拍，也不被重視。據説著名的小説家亦舒，也曾經當過電視台的編劇，留下一句傳説中的名言，就是説：「編劇都是被導演和監製輪姦的」，所以她後來劈炮不幹，改寫小説去也。孰真孰假，不得而知，卻也多多少少説出了電視台長篇連續劇創作過程的一點艱辛實情。

另外比較有趣的一件事，就是電視台裡的工作人員，大部份都很迷信，每逢有新的劇目開鏡，都要舉行拜神的儀式，鄭重其事地劏燒豬、燒高香，祈求神庇佑，認為只有這樣做，才能令拍攝工作順利進行。同時，每一個新劇的劇名，也要計算筆劃作預測，取得吉利好意頭。當時編劇組有一位從國內游泳偷渡出來的潘大姐，人長得高高瘦瘦，看起來弱不禁風。她告訴我，她原來也是在廣州惠吉西住的，由於家庭出身不好，在大陸沒有前途，因此鋌而走險，游水來香港。她説到達目的地之後，被警察捉去盤問，審問的時候，對方看見她瘦弱的樣子，竟然不相信她是由廣州長途游泳來香港的。潘大姐懂得許多傳統文化知識，是預測戲名的高手，據説電視台的高層智囊蕭若元，每次開戲命名的時候，都會請潘大姐測算筆劃。

我在電視台中所見到的人物，也是無奇不有。為了趕寫劇本台詞，我一日三餐都在電視台的Canteen吃，常常看見有一個非常年輕帥氣的男子坐在那裡，我奇怪為甚麼他有這麼多空閒的時間。後來同事告訴我，那男子叫張國榮，沒有甚麼節目找他拍，所以一直坐冷板凳。

「那他怎麼生活啊？」

我實在有些為他擔心。

對方眨眨眼，壓低聲音告訴我：

「他會去陪伴不同的有錢女人，她們自然會給他錢用的。」

吓！有這樣的事！真是太浪費這個英俊小生了！

我心中默默地為他可惜。

有一天出外景，我和拍攝隊剛剛坐上公司的汽車，負責搜集資料的女同事就指著前面說：「看！看！那不是張國榮嗎？」

果然，我看見那個「青靚白淨」的小帥哥張國榮，登上了前面一輛名貴的私家車。

「他又去陪那個闊太了。」

女同事說。

我雖然不認識張國榮，但聽在耳裡，看在眼中，心內也有一種說不出的鬱悶。

不久之後，我們的節目要去澳門拍特輯。我跟隨拍攝隊乘上客輪，鄰座的一個女子主動過來搭訕：「你們要去澳門拍東西嗎？」

她問。

我說是的，她又問我是哪一間電視台的，我也如實回答了。

「哎呀，亞洲電視台，我弟弟張國榮也是你們台的。不過他很純品，很容易被人騙。」

我聽了覺得很意外，接著，她告訴我，曾經有一天，有一個女人走上她家，說被張國榮搞大了肚子。

「弟弟他好怕呀，我一看就知道是假的，那女人是想騙錢來了。我就叫弟弟別相信，不要理她。」

後來我才知道，對我說這些事情的張國榮的親姐姐叫張綠萍，也算得上是一個城中的名人了。她不止結過一次婚，她的一個前夫阿巴斯，曾任香港大學比較文學系主任。後來成為我認識的大陸作家劉索拉的丈夫。這也是我的另一位作家朋友也斯告訴我的。他曾在香港大學擔任比較文學講師，與阿巴斯是前同事。至於張國榮，不久之後，在電視台有機會演出了電視劇《浮生六劫》，艷驚四座，一下子就走紅了。

後來，編劇組還來了一個很特別的人，既是一個畫家，又是作家，筆名金東方。我之前也側聞過其名，因為她常常給羅孚主編的《新晚報》副刊寫小說，還給香港話劇團寫劇本。她原來在杭州讀美術學院，是著名畫家林風眠和關良的學生。後來嫁給了一個跳舞的印尼華僑，到了香港，但很快就離婚了。她獨自帶著一對子女生活，甚為艱難。不過她很尊敬恩師林風眠，知道恩師在大陸境遇不好，常常買一些食品寄過去幫補。恩師對她也好，不時贈送畫作給她。但後來林風眠帶著義女來香港，對她疏遠了，令她很氣憤，就寫了一本小說《他這一輩子》，影射和詆毀林與義女的關係，這是很不好的。不過我當時並不知道，直至林的義女告知，金東方本人送了那本書給我，我才知道。

金東方的年齡比我大很多，脾氣也大，人很直率。那時候，由電視台的高層徐小明開一個新的長篇連續劇，金東方和我都是被編在那一個劇組的編劇。徐小明原是童星出身，一直在電視台和歌壇發展，又演又唱，同時兼任監製、導演，非常忙碌。劇組要等他主持會議，很難按照原定的時間進行，往往一等就是幾個小時。有一次，劇組通知我們早上回電視台開劇本會議，徐小明會親自主持。我們等了很久，從早上一直等到下午，也不見徐小明出現，據說是去了錄音。直至晚上七時多，他才走進會議室，金東方氣得要爆炸，對著徐小明大吼一聲：

「我等夠了，現在就走！」

說畢，大力摔門，揚長而去。後來在她寫的劇本上，出現了「你是一嚿屎」的對白，在編劇組一時傳為「佳話」。

不過，金東方也是為生活所迫而來做編劇的。她的女兒去了台灣讀大學，因為學費相對便宜。而她的兒子還在讀中學，金東方無暇照顧，又怕他會學壞，就把他送到四川的萬縣她姐姐那邊去上學。有一次放暑假，金東方問我可有甚麼認識的人在廣州？我說我的媽媽在廣州。她說她的兒子想乘港九直通車回來香港度暑假，但那時候買直通車票需要用代用券。他的兒子只有人民幣，沒有代用券，提出可否到我媽媽那裡兌換。我答允了，把我媽媽家的地址告訴了她。未幾，我接到了弟弟從廣州打來的電話，說有一個打大赤腳的男仔找上門來，說自己是香港人，是經過我介紹要兌換代用券的。弟弟表示懷疑有詐，因為從未見過一個像小乞丐般的香港人！我告訴他是真的，那個「小乞丐」是我同事的兒子，就幫幫他吧，也用不著收取他的人民幣兑換，直接把代用券給他就好了。結果，這件事情終於得到了解決。金東方也很快離開了電視台，再也不做電視編劇了。後來她一直以畫畫維生，有時去德國做一些講座，兒女大了，生活倒也過得去，還買了小小的一個新房子單位。

我在電視台沒日沒夜地編寫劇本，一年的時間就在昏亂繁忙中過去。

三月初的一個清晨，我忽然感到腹部劇烈疼痛，當時離預產期還有三個星期。怎麼辦呢？羅海星此時遠在廣州的辦公室，而我所在的九龍塘住宅，只有年老的外婆和另一位姨婆。隨著天越來越亮，我的肚子越來越痛，不得不向那位比外婆稍微年輕一點的姨婆求助。她二話不說，馬上陪我出去截停一輛出租車，直往伊利沙伯公立醫院急症室駛去。

到了醫院，經過醫生的檢查診斷，認為我很快就要臨盆生產，就此留住醫院。

不料，電視台的劇組工作人員，竟然催交劇本，直追入醫院裡來，這真是叫我哭笑不得！

當天下午，我完全沒有思想準備就產下了一個男嬰，剪斷臍帶的那一刻，我感到全身瘈痛，完全筋疲力盡了。

次日，羅海星從廣州回到香港述職，有親戚告訴他我在醫院生了一個男孩子，他還不相信，以為是開玩笑。後來證實是真的，才過來醫院看我和新生的嬰兒。幸好我和孩子的身體還算健康，平安無事。

二十天以後，電視台催我回去復工，我只好抱著未滿月的小嬰兒，乘直通火車上廣州。在火車上，偶然遇到了在同一電視台工作的演員黎萱阿姨，她原來是廣州的話劇演員，與我的爸爸媽媽相熟。大陸改革開放後，她到了香港，差不多與我同期入職同一個電視台。她看見抱著嬰兒的我，十分驚訝。據她後來說：「當時看見你要把那麼小的初生BB抱上廣州，我的眼淚都幾乎流出來了，心想真可憐呀，香港實在是生活迫人！」

我把初生的孩子帶到廣州，交給媽媽和羅海星的姑媽，然後再急匆匆地趕回香港，產後未夠滿月就重新開工寫劇本了。一些電視台編劇組的同事都說根本不知道我懷孕生孩子，「你一直那麼瘦，也看不見你大腹便便的樣子，怎麼一下子就誕下ＢＢ了呢？好奇怪啊！」

我也無語了。但我們全家人，都希望羅承勳的問題能好好地解決，北京方面讓他平安歸來，令一切政治上的風風雨雨都平息，生活恢復平靜安寧。於是我們把嬰兒取名為「寧雨」。

莫名其妙的「間諜」罪名

可惜，現實是殘酷的，結果是事與願違。就在羅承勳上京被禁足十三個月之後，被判處「間諜罪」，監禁十年。

甚麼？文質彬彬，受人敬重、勤勤懇懇的新聞文化人羅承勳，竟然會是叛國投敵的「間諜」？

這真是荒天下之大謬！不僅僅所有家人不相信，就連許多他的左、中、右的中港台朋友，以及大部分的同事都不相信！

羅承勳很年輕的時候，就考入《大公報》機構，從低職做起，一直做到副總編輯，數十年如一日，敬業樂群。他完全不圖私利，每天上班，只帶著一個國貨公司的購物膠袋，裝入幾份當日的報紙，衣著簡單樸素。他在報館手不離筆，總是工作到深夜。說來還有一個公開的秘密，就是他連照相機也不會用！世界上竟然會有這樣的「間諜」嗎？

對於錢財，他也一向輕視。

以往內地的一些報刊雜誌，常常刊登羅承勳的文章，但給他的稿酬，都是人民幣，不能換成港幣或其他外幣。因此，喜歡鑒賞名家名畫的他，樂於把這些稿酬用來購買畫作，多年來收藏甚豐。當子女到海外留學，他也會拿出其中的一些轉售，以作交付學費之用。根據一位香港知名的美術收藏家回憶，曾經接受過羅承勳的委託，拍賣名畫。所收取的支票，他將之夾在書頁中，過了一段時間，也忘記採用。

無論如何，羅承勳被判以「間諜」罪，在當時的香港，引起了很大的哄動。大多數人都認為這是冤案、錯案，但也不乏幸災樂禍、落井下石者。其中有兩個曾被報館中人戲稱為他的「金童玉女」的下屬，羅承勳出事之前，他們總是俯首帖耳，跟出跟入，比甚麼副官隨從還要體貼殷勤。在羅承勳獲罪之後，即刻變臉，寫文章聲討羅承勳的「罪行」，還要海星和父親「劃清界線」。這二人的拙劣表演，令人作嘔，前後對比相差太遠，實在是太太太鮮明了，人性的醜惡，莫過於此，我永遠也不會忘記！更諷刺的是，在羅承勳服刑之際，這兩個所謂的「金童玉女」，先後得到了後任上司的提拔升職。

還有的別有用心者，極盡造謠中傷之能事，居然把我的炳良姨丈借給羅家度假的西貢別墅，說成是羅承勳做「間諜」所得的酬勞，更是莫名其妙，令人氣憤！

羅承勳從突然被拘捕、軟禁，到定罪判刑，都是在北京的有關方面秘密進行，完全不公開，家屬們也只能無奈接受。只是羅承勳後來告訴我們，在秘密審判的幾天之前，有關方面的人就告訴他將會這樣安排：指控你犯了甚麼罪，要坐牢多少年。只要你認罪，放棄上訴，馬上就得到假釋的安排，生活上所有的事情都不用擔心，並且可以和家人見面，十年之後可以回香港，否則就沒得說。身在囹圄中的羅承勳根本就沒有任何選擇，只好接受他們的安排。

就這樣，羅承勳被判刑十年，並沒有一天坐過正式的牢房，而且很快就被「假釋」——安排他住在海淀區雙榆樹一個比較偏僻的地方，有圍牆和院子的五層高樓房。那裡也是安排給一些由台灣和海外歸來的被列為「統戰」對象的人居住的公寓。其中有達賴喇嘛的代表、著名的台灣音樂家侯德健、電視製作人黃阿原、畫家孫瑛，以及本地的藝術家毛阿敏、王金潞、劉秀容，作家冒舒湮等等。其中還有一兩個台灣文化界名人，竟然還是數年前通過羅承勳所做的「統戰」工作，被說服動員到北京定居的，現在可算是「殊途同歸」了，乍一碰見才知道是在同一個住宅建築寄居，也難免震驚和尷尬。

羅承勳的住所有一廳三房，歸國家安全部管轄，他們給他一個新的名字：史林安。有人猜測是臨時安排的意思，又或者是「使你平安」。又派出一個女人來為他做午、晚兩餐飯，當然也有負責監視的任務。一般家屬和朋友，事先申請得到批准，都可以探訪他。而國安部的人，每個月會上門來一次，發給他一筆生活費用。羅太太很快得到批准，從她原來工作的香港《文匯報》辦了退休手續，然後過去北京陪伴羅承勳。我們其餘的家屬，就分批前往探望。

在表面上，北京市內的任何有關係的人都可以去見羅承勳，但實際上還是有監控的。如果他們認為那個人不適合去見他的話，就會告知並阻止。曾經有一個住在他隔壁的小孩子對他說：「史爺爺，為甚麼我家的電視可以看到你的家裡呢？」

這證明了羅承勳的住宅單位四周，都安裝了不同角度功能的監視器。

儘管如此，羅承勳得到假釋的消息傳出之後，各路親朋好友也紛紛爭取上京探訪，親自慰問。德高望重的文化界人士夏衍、病中的聶紺弩等都先後寫信、贈詩，甚至送現金給他，以示深切的慰問。這就證明了，對於不可思議的羅承勳間諜案，公道自在人心。

在中秋節前夕，我和羅海星帶著年幼的女兒，飛到了北京。我們入住在王府井的北京飯店，當即辦好手續，匆匆放下行李，就馬上直奔雙榆樹探望羅海星的父親羅承勳。

分別一年多的家人終於能團聚了！羅海星的父親——羅承勳不知有多高興，尤其是看見我那漂亮可愛的小女兒，非常喜歡，馬上帶著她到院子裡玩，海星在旁忙於為我們拍照。一家人竟然能在羅承勳的「假釋」（實質上還是被監禁）之地「整整齊齊」地過節度假，直令我覺得像在做夢似的不真實！我們就在那個不大不小的住宅單位吃了飯，又去附近的紫竹園公園逛了逛，再約定明天全家人去北京飯店晚宴。

翌日，羅承勳和太太依時而至，我們一起乘電梯到餐廳去。

剛剛從電梯間步出的一瞬間，目光銳利的羅承勳向著一個在不遠處走過的女人投去一瞥，輕聲地說：「那是狄娜。」

狄娜？那一個香港赫赫有名的電影艷星？

我不由得一怔，同時也將視線移去一看：不錯，果真是狄娜，她挺胸收腹、昂昂然地走著，旁邊還有一個男人緊緊相隨。

看來，羅承勳一點兒也沒有忘記香港，還清清楚楚地記得香港的許多人和事。

羅承勳在北京基本上被安頓下來了。漸漸地，對於這樣一個被控以間諜罪名，卻完全沒有間諜活動能力的人，有關方面對他的監控還是越來越放鬆了，除了不能回香港之外，北京城內和大陸的其他地方，他都可以申請去活動或旅遊。

未幾，羅承勳夫婦和海外回國探親的次子羅海曼，加上我和小女兒一起出遊，到四季如春的昆明觀光。時值隆冬，我們下榻的旅館在翠湖旁邊，只見無數的紅嘴白鷗從四面八方飛落湖面，蔚為奇觀。我們又到名勝古蹟眾多的昆明大觀園遊覽，然後參觀西南聯大抗日時期的遺址，還登上高高的龍門石窟觀望遠眺……大家玩得興起，換上雲南少數民族的服裝拍照留影，相當開心盡興。羅承勳為公事勞碌了大半輩子，直到這時候才享受到三代同歡的家庭樂，在湖光山色的大自然中，可以暫且釋放命途上的所有煩惱。

亞洲電視的自由歲月

當初，曾敏之表叔知道我要進電視台工作的時候，曾經憂心忡忡地告誡道：「香港的電視台是個大染缸，好好的人進去也很容易學壞的，你一定要小心，不要被污染了。」

我明白，這話有一點點道理，但基本上是屬於老一輩保守的左派文人對香港傳播媒體的一種偏見，卻也不好和他老人家爭辯，唯唯諾諾地應過就算了。結果在電視台一做經年，自問也沒有被「污染、變壞」。我所在的編劇組有很多編劇為了放鬆神經，自我娛樂，常常組合去一些不同的場所打麻將，我卻是一不學打，也不「埋堆」，至今也是一個「麻將盲」。不過，幾年下來，在電視台也算是打開了眼界，得到一些特別的工作經驗。

在編劇組，我經過編寫兒童、婦女，以及年輕人的各種各樣的綜合節目之後，又全力投入編寫不同題材的長篇連續劇劇本。其中，有的編得比較成功，能夠取得很好的收視率，受到廣大觀眾的歡迎。例如長篇連續劇《劍仙李白》，曾一度為香港人津津樂道。這是一個顛覆傳統的武俠劇，把著名的詩人李白進行徹底的、破天荒的「大改造」，塑造成一個武功高強、擅長劍術的俠士兼詩人。

為了爭奪高收視率，電視台可以不擇手段，電視劇的劇情越出奇立異越有吸引力，這幾乎已是創作的定義。擔任編審的王啟基開玩笑說，只要牛頭角順嫂鍾意看，二十年後野史也會變正史。如果李白泉下有知，自己忽然變成朝廷欽犯之子，又無端成為整天舞刀弄劍的「詩俠」，不知道會作何感想？也許是哭笑不得吧！

不過，能讓收視率提升的，還不得不依靠好演員的好演技。扮演李白的主角劉松仁，是一個十分出色的電視藝員。他對工作非常認真，每次拍攝之前，他都會找編劇對劇本，遇上一些李白詩中拿不准讀音的字、詞，還特別虛心向我們編劇請教。結果，他的演出很成功，許多「牛頭角順嫂」都看得入了迷，令收視率飆升。

後來，我們又編了由馮寶寶主演的長篇連續劇《武則天》，從她的童年成長開始，以慘情故事打動人心。飾演武則天的演員馮寶寶，原來是粵語電影的童星，知名度很高。她從武則天的童年演起，一直到青年、中年和老年，都演得很到位，而且她也很尊重編劇，我們很快成了好朋友。我想著她是與香港的電影電視業一同成長的，一度動念要為她寫傳記，她卻悲哀地說自己不想回憶，因為做童星的時期拍戲很苦，她說穿著的戲服，質料惡劣，常常會把皮肉弄得很痛，很不舒服。

那真是不堪回首！她說自己甚至不願意在電視上再重溫那些粵語長片，只因看見和她一起演出的好多成年演員已經紛紛謝世。那些影片讓她看到的「盡是些死人，好淒涼！」所以她不願意重溫舊日作品。

不過，她演的武則天大受好評，成為她的電視劇名作，後來我在英國看到電視台播放，全部配上英語對白，真想不到那些是原來出自自己的手筆，有一種怪怪的感覺。然而，在現實生活中，馮寶寶還是積極向上的，有一次我們去增城度假，參觀傳說中楊貴妃曾經傾心鍾愛的「一騎紅塵妃子笑」掛綠荔枝園，馮寶寶全程都很開心。

不久之後，電視台轉賣，換了新老闆。

本來電視台換老闆，對編劇的影響並不大。但是，這次就不同了。新老闆邱德根是有名節省的人，為了減少電視台的行政費用，就連編寫劇本用的原稿紙也要限量供應，所以我們必須寫滿稿紙的所有空白，正、反兩面也要寫。同時，編寫劇情不能有宴會的場面，也不能寫攜帶新鮮水果探病，只能寫送花給病人，而拍攝時那些花不用鮮花，使用塑料假花代替。另外傳說拍古裝劇，服裝甚至是從宋城的蠟像館裡的蠟像身上剝下來給演員穿……真是省得不能再省了，甚至我們的開工利是，也只是一紙代用券，必須到他名下的銀行才可以兌現。因此，編劇組內軍心渙散，王啟基等資深編劇這時受到新加坡政府的邀請，去新加坡國立電視台工作。這無疑是前途很好的去處，於是他們紛紛告別香港，移師新加坡去也。

我回想自己在電視台已經工作了前後四年時間，也沒有甚麼可以再留戀之處，於是不再續約，轉到《文匯報》副刊部上班，由電視編劇改行為報刊編輯了。

第五章

六四黃雀　海星失蹤

• 羅海星與子女

與京城諸名家交往

編輯報紙的副刊，工作是靜態的，而且時間比較固定，這對我來説，是有利的一面。於是，我把女兒從廣州接回香港來，安排入讀一間教學優質的、口碑不錯的幼稚園。同時，我自己又報讀了澳門東亞大學中國文學碩士學位課程。

課程基本上是函授的，只是在週末才去澳門聽課。在電視台晨昏顛倒地忙了那麼多年，我覺得自己的學識和精神「有出無入」幾乎是「透支」了，所以應該要適時地「進補、進補」。

當然，要認認真真地讀書、讀學位，也不是可以輕鬆以對的，除了要專心聽課和大量閱讀教科書及參考資料之外，還必須按時交作業。後來才發現給我批改作業的導師，其中之一是後來認識的作家朋友，也是我主編的《文匯報》副刊作者梅子先生，這真是應了那句一老話：無巧不成書。

生活似乎已經上了軌道，漸趨安定下來。遇上有比較長的假期，我和海星就會上北京去探望他的父母親。

羅承勳在北京假釋以後，當地的許多文化界人士，原來就和他是好朋友的一群藝術大師、大作家、出版家們，又互相聯繫上了，不時地探訪、聚會，增添了很多生活的意義和樂趣。我也很喜歡和這些多才多藝、可敬可愛的前輩們在一起，每每聽到他們的對話、議論，也能增長知識，受益良多。

其中最有趣的一位，就是著名的古典文獻學家、畫家、書法家兼作家啟功先生。他是清朝皇室後裔，雍正帝的九世孫和恭親王弘晝八世孫，學養豐厚，非同凡響。但在歷次政治運動中，經歷過多次衝擊，曾經被劃為右派，又在文革中被打成牛鬼蛇神，受到紅衛兵的激烈批鬥。他六十六歲的時候，就自撰《墓志銘》：「中學生，副教授。博不精，專不透。名雖揚，實不夠。高不成，低不就。癱趨左，派曾右。面雖圓，皮欠厚。妻已亡，並無後。喪猶新，病照舊。六十六，非不壽。八寶山，漸相湊。計平生，謚曰陋。身與名，一齊臭。」

聽著啟老一字一句地讀出來，真的是充滿了辛辣辛酸的自嘲自諷。

啟功先生的面龐圓圓的、紅紅的，像蘋果一樣光滑。每次看到他，總是笑嘻嘻的，顯露出天然的喜感。他說話的聲音字正腔圓，潤潤的很好聽。我聽他說清朝時老師教皇帝講英語的故事，生動有趣，好玩極了。啟老的書法超著，我大著膽子請求他為我的作品題寫書名，他很爽快地答應了。後來我發現他非常喜歡吃樂家杏仁糖，從此每次我從香港去北京，都會買了給他帶去，看見他拿著糖罐，像孩子一般樂呵呵地笑著，我的心中也充滿了喜悅的感覺，比吃糖還甜。多年以後他來香港訪問，受到各界的熱烈歡迎，香港藝術館館長還特別招待他。我也抽出時間，專門陪著他到處參觀，飲茶、吃點心，他興致勃勃，精神煥發，完全看不出有甚麼老態。

另一位有「中國第一玩家之稱」的文史學者，文物收藏家、鑒賞家王世襄先生，也是很有意思的前輩。他出身於官宦世家，其高祖官至工部尚書，伯祖為光緒年間的狀元。而他本人小學、中學在北京美國學校讀書，後為燕京大學文學學士、碩士（一九四一年）。一九四三年至一九四五年間任中國營造學社助理研究員，清理戰時文物損失委員會平津區助理代表，一九四七年任故宮博物院文物館科長、一九四八年獲美國洛克菲勒基金獎金，赴美國和加拿大考察博物館。

他又於一九四九年任故宮博物院陳列部主任，一九五三年任中國音樂研究所副研究員。一九五七年在反右運動中因對「三反」後的處理有意見，被錯劃為右派。一九六二年「摘帽」，調回國家文物局任中國文物研究所研究員。他對中國傳統的葫蘆工藝、明式傢俬，都有很深的研究。文化大革命後期，他獨自踩著自行車，到處去收集「破四舊」被毀壞的明式傢俬，發掘出真正的「寶藏」。他又是一個非常出色的美食家，不但會品嚐，還會烹飪。好朋友尊請他到家中做菜，他會帶上自己專用的鐵鑊廚具，大顯身手。

還有從十五歲就開始投身出版業，並被稱為一生「是書的奴僕，又是書的主人」的著名出版家范用先生，也是羅承勳的摯友，我所敬重的長輩。他少年時賣書，成年後編書，老年時寫書，真真正正與書打了一輩子交道。他當時還敢於打破慣例，冒著極大的政治風險，為羅承勳出書。而我自己，每當出了新書，都會送給敬愛的范先生批評指正，他會給我寫來讀後感想，令我感動。

出身名門，翻譯《紅樓夢》的著名翻譯家兼詩人楊憲益、著名的漫畫家丁聰、戲劇名家吳祖光、評劇名演員新鳳霞、著名詩人邵燕祥等等，也是羅承勳的至交和座上常客，他們全都是才華洋溢，百折不撓的非凡人物，是精英中的精英，具有國寶級的珍貴。

羅承勳還帶我去拜訪敬仰已久的作家冰心、沈從文，還有畫家、書法家兼作家的黃永玉、黃苗子、郁風等等長輩名家。

原來，冰心的的家就離羅承勳住的雙榆樹不遠。所以，平常他們也常有來往。在我還是很小的時候，母親有一次帶我到廣州迎賓館去探望從日本回國的冰心先生，感覺非常親切，她還請我吃清甜的抹茶糖。母親叫我尊稱冰心先生為「謝大媽」。而這次見面，時間相隔已經差不多二十年了。冰心先生——謝大媽還是那麼親切、慈祥。我把自己一本描寫文革時期生活的兒童小說送上，請她批評指教。不久以後，我就收到冰心先生的親筆回信，稱讚我的書寫得好，令我受到很大的鼓舞。

以前我曾經讀過沈從文的小説，非常喜歡，尤其是《邊城》，後來被拍成電影故事片《翠翠》，給我的印象非常深刻。羅承勳親自帶我到沈家，見到了這位偉大的作家兼文物專家，還有他的夫人，也是著名作家張兆和先生，實在令我激動興奮。原來羅承勳之前還受到台灣著名舞蹈藝術家、作家林懷民的委託，拜沈從文為師，認認真真地舉行了叩頭拜師的儀式，真是非常難得。可惜那時候沈從文先生的身體已經很虛弱，我們未能深談。

大畫家兼作家黃永玉先生，是個很風趣幽默的人，他以前也曾經在香港《大公報》工作過一段時間，所以與羅承勳相熟。文革時期，黃永玉畫的一幅貓頭鷹的畫被指為「黑畫」，紅衛兵造反派批判這是影射對階級鬥爭視而不見，睜一隻眼閉一隻眼。當時，黃永玉被批鬥之後，困在一間沒有窗門、密不透氣的斗室內。生性依然保持風趣幽默的他，自行在牆上畫了有樹木外景的「窗戶」。那時期，羅承勳不顧諱忌，帶著女兒從香港到北京，登門拜訪黃永玉。他們患難見真情，一切盡在不言中。黃永玉當即為羅承勳的女兒羅海呂畫像，以茲紀念。這次我帶著自己的小兒女，跟羅承勳上門拜訪黃永玉先生，他非常高興，和我們拍照留念。後來他到香港，也給我的小女兒畫了像。

書法家、畫家、作家夫婦黃苗子和郁風，原來和我的父母親都是好朋友，與羅承勳更來往密切，無所不談。他們在文革中經歷了很多苦難，卻依然樂觀向上，生活品味高尚，充滿創意新思。

在這段期間，羅承勳還寫了不少文章，以「柳蘇」之名在各種報刊雜誌上發表，大受好評，並且得以結集成書出版。計有：《香港，香港》、《香港作家剪影》、《香港文化漫遊》、《燕山詩話》等等。

我也常常樂得當他往返於京、港兩地的「特使」、「信差」，把他的書、文帶給不同的刊物和出版社主編，包括李怡、董橋、陸鏗等不同刊物的主編。

• 在北京探望畫家黄永玉

那時比甚麼都好

我在《文匯報》做副刊編輯工作的第三年，孩子逐漸長大了，我又把兒子從廣州接了回來，安排入學。

不久，羅海星的工作又有了新的變化：邀請他到新鴻基公司工作的大老闆馮景禧先生因心臟病突發而猝逝，羅海星黯然離開了他的公司。

過了不久，另一位香港商界領袖人物，介紹羅海星入職香港貿易發展局，擔任駐北京辦事處首席代表。這是港中貿易事業發展的一個很大的轉捩點，也可以說，是羅海星職業生涯的一個飛躍：他負起的職責，就是代表香港方，為香港的工業，特別是製造業、加工業，開拓潛力巨大的中國市場。貿易發展局在香港是一個半官方機構，費用主要來自政府撥款。羅海星在香港貿易發展局駐北京辦事處，工作範圍主要是圍繞開闊市場、發展市場和介紹香港產品。其中最重要和經常性的工作，是要籌備舉辦每年的各種產品展覽。除此之外，還要組織海內海外的商務參觀旅行團，一方面組織香港的商戶去內地出展，組成商務參觀旅行團，巡迴三、四個城市，既考察市場，也開展貿易洽談，做些生意；另一方面就是組織內地的商戶到香港參加各種展覽，以期增進兩地貿易。那時候，羅海星管轄的北京辦事處，著重負責華北、東北與西北三個大區。他必須聯絡內地三十多個地區貿易促進會，安排香港電子工業、紡織業及其他工商界人士，到各地參觀，還要安排兩批國內的時裝模特兒到香港演出。

而香港貿易發展局有一項很重要的業務，就是提供各行各業的貿易信息。在貿易局本部設有中央電腦資料庫，內儲有全港各行業及商號的名稱、地址、往來銀行及主要經營範圍等等的資料數據。這些資料數據對外國開放使用，並且也通過各國貿易發展局的辦事處，收集所在地的商戶、廠家資料，再輸入中央資料庫，供香港商戶和廠家對外拓展銷售之用。

然而，諮詢工作開展過程中碰到的主要難題，就是人手不足。由於其他辦事處的電腦已逐步於總部聯網，所以輸入和查詢資料變得容易而且快捷。但中國當時還未有與外界聯網的線路，要查詢資料提供資訊，都需要用人手填寫表格，再以傳真機方式傳送回總部，然後由總部待查後再回覆。如此一來一往，至少需時兩至三天。有關方面收到查詢結果後，又再經人手填寫，再郵寄通知查詢單位。這樣工作量大，效率卻緩慢。至於香港與內地的產品，許多都是同類的產品，特別是輕工業家庭用品之類，大家又都需要尋找外銷市場。羅海星當時想到利用內地合作單位貿速會諮詢部來推廣這項工作，因為他們在全國各地都有分會及支會，本身就有一個較為完整的網絡，可以比較容易宣傳推廣這項服務。有了這些單位的介紹和協助，北京辦事處的資訊個案也就一直上升。通過提供資訊業務，內地單位開始認識到香港作為中轉港、中間人的意義及其重要性。

對於我們家來說，因為香港貿易發展局是屬於半政府機構，提供的條件待遇相當不錯，租用北京小亮馬河畔的一棟日式別墅，作為家屬的住宅。我們帶著孩子和原來僱用的工人一起去看了，覺得環境很好，可以放心地入住。

當然了，羅海星在這時候北上任職，還有一個最大的好處，就是可以長住北京，接近他被軟禁在當地「監外服刑」的父親，方便更好地加以照顧，這真是比甚麼都好！

「踏浪御風千萬里」

自從羅海星走馬上任，任職香港貿易發展局駐北京辦事處首席代表之後，我也覺得自己能夠放下心頭多年的憂慮，可以鬆一口氣了。於是，一直以來未能實現的去海外留學的夢想，又在腦子中萌發。我和海星商量好，趁著我兩個妹妹其時還在英國攻讀博士、碩士學位之際，我過去報讀一個短期的電影製作課程。

事情就這樣定下來了，他的父親大人羅承勳大表支持，就在我臨別之時，親筆賦詩壯行：

〈送蜜蜜留學之英倫〉

吾家宜有女相如
早寫春風二月初
莎氏將吟王子劍
安徒更塑美人魚
竿頭奮起登龍步
域外勤驅向字車
踏浪御風千萬里
歸來好著等身書

好一句「踏浪御風千萬里，歸來好著等身書」！令我感動得熱淚直向心裡流。在英倫的日日夜夜，這一首贈詩，成了我的座右銘。

在英國學習八個月以後，我重新回到北京。由於工人和孩子們都不是很適應北京的生活，特別是工人，她不會聽和講普通話，上街買菜都成問題，而海星又覺得在香港政府機構的工作刻板無味，表面上是駐京首席代表，但其實只是對一個官員迎來送往，包攬瑣瑣碎碎的細節煩事，甚至連女官出行的熨衣服問題也要擺到日程安排上處理，何其無聊哉！於是，他決定離開北京的職務，自己出來創業，又和我一起把孩子帶回到香港。

新的公司成立以後，羅海星經常出差去大陸各地，進行出口貿易的業務，也會順便去北京探望父母親。

不久之後，我轉到香港的一間教科書出版社工作，負責編寫小學和幼稚園教科書。業餘的時間，我也會創作小說、散文，在香港及內地的報刊、雜誌上發表。

就這樣，歲月在忙忙碌碌之中度過，不經不覺，到了一九八九年，中國的政治、國情發生了微妙的變化。

一九八九年來了

這一年的春天，由於大陸社會上的腐敗之風日益滋長，政治改革遲遲不行，言論自由、新聞自由的空間收窄，迫使越來越多的學生、知識分子、工人、個體戶、黨內幹部等等感到壓抑和憤怒，不滿的情緒不斷地發酵，產生難以控制的裂變。至四月十五日，原先有消息傳開，將要復出的胡耀邦前總理突然逝世，引起了群情爆發，大批學生和市民集結在人民大會堂東門靜坐示威，繼而又舉行一次又一次的遊行活動，一發不可收拾。

這時候，遠在千里之外的香港市民，對此表示高度的關注。許多香港大學生組織專程奔赴北京，參與和協助當地民眾的民主運動。五月二十號，香港各界人士舉行了聲援北京學生的大規模遊行，超過一百萬人參加。五月二十七日，由演藝界發起，在跑馬地跑馬場舉行了史無前例的《民主歌聲獻中華》大型音樂會，香港上百位知名人士包括導演、明星、歌星都走到台前，為北京的民主運動籌款。這個運動由岑建勳、黃霑、曾志偉等人主持，鄧麗君、梅艷芳等著名歌影視紅星全力演出，結果籌得了一千三百萬元的巨款。同時，香港支援北京學生聯合運動委員會，簡稱支聯會宣布正式成立。

這是震驚中外的重大事件，作為中國人和香港人，沒有誰會置身度外，無動於衷的。我和香港作家聯會的眾多文友，冒著八號颱風信號高高懸掛的炎熱天氣，從中環遊行到銅鑼灣。當我們走過貝聿銘設計的、享譽中外的中國銀行大廈時，看見裡面的職員從窗戶向我們振臂吶喊，表示全力支持，還在窗戶玻璃上貼出了巨大的「打倒鄧帝」的白紙黑字標語。作家朋友、《大公報》的資深編輯，也是著名音樂家黎小田和著名舞蹈家黎海寧的母親楊莉君阿姨，正與我在遊行隊伍中一齊同行，也不由得發出驚嘆：「嘩！連他們也出來了！都反了！好厲害！」

足見這場運動，得到了多少道義上的支持。

我本來以為，一向以關心中國前途為己任的羅海星，必然對此會有強烈的反應，但卻沒有想到，他的態度是意外的冷靜。一方面，他並沒有表現出要參加百萬人集會遊行的衝動和激烈情緒，另一方面，他還以不常有的深沉語氣對我説，這次北京來勢洶洶的政治運動，絕對不是表面看來的那麼簡單。當他去北京聯繫公司業務的時候，也極力阻止他的父親和一班藝術家前輩們到天安門廣場去支援學生，因為他認為這是非常危險的事情，老人家不能為此冒險行動。他的想法和做法，令我覺得他和以前關心政治的心態，有了很大的改變。也許，他已經成為徹頭徹尾的經商者、生意人，內心滋長了一種對於政治的極度冷感。

六月四日清晨，一陣電話的鈴聲把我從睡夢中驚醒。接聽之後，電話筒傳出兒童文學作家何紫先生帶著哭腔的聲音：

「他們，他們開槍了……開槍打學生，怎麼辦？」

甚麼？甚麼？開槍打學生？

我被驚嚇得不知如何回應。

羅海星在旁邊，也不吭聲，就去開電視看新聞了。

北京天安門學生被武力鎮壓的事情，很快就傳遍了全世界。

香港各界的反應，都是悲憤莫名。

金堯如伯伯、曾敏之表叔和《文匯報》的高層領導人，在報紙的社論版開天窗，只寫出「痛心疾首」四個大字。這正是反映了當時多數人的感覺感受。

血腥、慘烈的「六．四」天安門武裝鎮壓事件發生之後，從香港到大陸，到海外的華人圈子，都深深地陷入了悲痛憤怒，又無能為力的哀傷之中。

幾天後，《文匯報》總編輯金堯如伯伯憤然退出共產黨，並且離開了報館。

不久，他與當時的新華社社長許家屯，先後去了美國。

隨後，曾敏之表叔也辭去《文匯報》的副總編輯職務，到加拿大溫哥華去。一時之間，風雲變色，萬馬齊喑的政治低壓環境，實在令人難以忍受！於是，我和一批文友暫別香港，出發到東歐、西歐，再次「踏浪御風千萬里」。而羅海星還是保持著不聲不響的低調，繼續在大陸各地奔波，為他組建的新公司尋找商機。

我出遊東、西歐的多個國家，才知道一九八九年，不僅僅是中國的政治局勢發生變化，全世界也在醞釀著巨變，尤其是在東歐的所謂社會主義鐵幕國家，原來將會有一場翻天覆地的解體化大變動，正在蓄勢而來。

眼見得被人們讚頌已久的多瑙河，現在再也不是澄明的藍色，渾濁的河水上有遊人的夜夜笙歌，資本主義的紙醉金迷氣息，混和著夜店中的酒香，盡情地揮灑。匈牙利布達佩斯的人民，普遍都是在追求著享樂和安逸。

進入有如小巴黎似的的捷克布拉格，只見國營商場的貨架上商品寥寥無幾，令人差點以為到了六十年代的中國大陸百貨公司。但只要走到大街上，就會有本地人過來向你俯首低語，追問有沒有美金兌換。活躍的扒手甚至裝扮成孕婦，神不知鬼不覺地向著我等遊客施行偷竊的技倆。

直至去到西歐的奧地利、法國、意大利、梵蒂岡、瑞士和英國，我們才可以稍稍放鬆緊張的神經，回復優哉游哉的旅遊心境。

然而，就在同年年底，社會主義陣營的「老大哥」蘇聯解體了。柏林圍牆隨即倒下，東西德宣告統一。羅馬尼亞、保加利亞、波蘭、匈牙利、捷克斯洛伐克等等，成為所謂「蘇、東、波」效應的社會主義體制瓦解的東歐群國，令世界歷史翻開了改天換地的新一頁。

當假期完結，我回到香港的家。打開門，有意料不到的驚喜：一對小兒女舉著自製的標語橫幅前來，只見標語上寫著幾個筆劃幼稚的大字：「熱烈歡迎媽媽回家」，令我覺得說不出的感動和溫暖。是的，天大地大，無論發生了甚麼，家人、親情總是最最珍貴、最最重要的！作為母親，我有責任維護這個家，珍愛家中的每一個人！

「知道得越少越好、越安全」

自從北京發生六．四事件之後，人們都把關注的目光聚焦於倖存者，他們的生死存亡和逃離去向，成為許許多多關心中國政治前途的人所日夜牽掛的頭等大事。也有不少香港市民，出錢出力，盡力協助。

一九八九年九月的一個晚上，羅海星從公司下班回家，很興奮地對我說：

「磨刀人來了，我要去廣州一趟。」

「磨刀人」？甚麼「磨刀人」？是從哪裡來的？想要做甚麼？

我的心裡頓時騰升起一片雲霧，有點朦朦朧朧的感覺。即時追問：

「你說的磨刀人是誰？他要找你做甚麼？」

海星欲言又止，搖搖頭說：

「你不認識的人，說了也不會明白。還是知道得越少越好，越安全。」

言罷，他就不再理我了。

「磨刀人」，怎麼聽上去就像一句台詞，一個暗語？有點似曾相識的感覺？

我獨自琢磨著，慢慢才想起，在那一年大陸流行的所謂革命樣板戲中，有一齣《紅燈記》，劇中有一個地下黨的聯絡人，外表就是裝扮成一個村街走巷，專為人劏刀磨剪的磨刀人，但其實就是為主角傳送情報……

天啊！莫非羅海星說的「磨刀人」，就是那種地下聯絡人？

如果是的話，他是屬於甚麼組織的？是何方神聖？海星為甚麼要專門想去見他？所為何事？

我百思不得其解，終究還是要問羅海星，但他就是那一句話：「你還是知道得越少越好，越安全。」

這麼一下子，就把我堵回去了。

次日，羅海星乘直通火車去了廣州，兩天之後回來，只說是一切順利，沒有更多的話，更絕口不提「磨刀人」。

我也沒有再多問、多想，感覺一切順利就好，可以放下心來了。

大約過了一個多月的時間，在十月中的一天，海星說要去深圳，處理好一些商業上的問題，當天晚上就會回來，並且還笑說正值大閘蟹繁盛的季節，如果看見價廉物美的，就會順手買回來，一飽口福。

這也是我們生活的常事，我當時不怎麼放在心上。

可是，到了那一天晚上，直至深夜，也看不到他的身影。我不斷地給他打手機，也完全沒有回應。一種不祥的感覺，在我的心中蔓延。我立刻打電話給羅海星的弟弟羅海雷，因為他是在廣州的英資公司工作，海星每次上大陸，都會和他聯絡，或是在他的辦事處停留。可是，他的回覆也是全無頭緒。

那一夜，我通宵無眠。

羅海星去了哪裡？為甚麼連電話也不接聽？他是不是出了甚麼問題？

情況很不妙，越想越不對勁，越來越覺得可怕！

等到天亮以後，我立刻找羅海星的弟弟們商量，決定提請香港政府的有關部門，查看羅海星這一天的出入境紀錄。

結果，發現羅海星只有出境而沒有入境的紀錄。

真奇怪！他是滯留在深圳？廣州？抑或是在北京？又或許是大陸的其他城市？

為此，羅海星的幼弟羅海雷分別向廣州和深圳的公安局都報了案。自然，這是得不到任何回應的，但一切可能想到要做的，都儘量去做了。

過了一個星期，又一個星期，羅海星還是有如泥牛入海，全無蹤影。

「爸爸到哪裡去了？為甚麼這麼長時間都不回來？」

九歲的女兒問我。

「他出差去大陸做生意，有很多事情要辦。」

我只好這樣回答。

「那麼，爸爸能回來和我們一起過聖誕節嗎？」

六歲的兒子又接著問。

「希望啦，只要你們乖乖的，爸爸就會回來。」

我只是含混地回答，心內卻如被火灼似的，焦急萬分。

第六章

黑暗深淵　盼望團聚

• 羅海星在太平山山頂

怎麼搞的，難道羅海星就這樣在世界上銷聲匿跡了嗎？

不在沉默中爆發，就會在沉默中死亡。

我不能再等待下去了，決定讓事情在傳媒上公開曝光。

於是，我通過《明報》的總編輯董橋，聯繫上羅承勳的老朋友、《明報》的大老闆查良鏞（金庸先生）。

查先生十分驚訝，馬上約我到他的山頂住宅去，仔細地聽我講述了羅海星失蹤前前後後的經過，然後決定在報紙上公開刊登報導。

這一下，羅海星的失蹤消息傳出去了。

大約一個多月以後，大陸有關方面的人去廣州羅海雷的辦公室找他，交予一紙廣州市公安局的逮捕通知書。海雷接過以後，立即回來香港轉交給我。

這張通知書很簡單，上面印刷的文字只寫著：「羅海星因犯偷越國（邊）境罪而被逮捕」。

• 與金庸合照

這樣的逮捕通知書真是太奇怪了！羅海星是香港居民，去大陸時帶著身分證和港澳居民回鄉證，他為甚麼要「偷越國（邊）境？」偷越哪裡的國邊境？

這樣的罪名簡直就是莫名其妙，我一下子難以接受。

羅海雷說，送來逮捕通知書的人有口頭補充一句，說是「協助他人偷越國（邊）境。」

這真是令人無語，我的心情壞透了。

過幾天就是聖誕節，羅海星的學長、我的好朋友戴玉明，原是暨南大學中文系曾敏之表叔的學生，她一直在香港開設畫室教小朋友畫畫，我的兒女也從小就去參加畫班的課程，常常和她的兒子一起玩耍。善良的她知道了羅海星被捕的事情，即打電話來對我說，你的心情不好，不如我把你的女兒和兒子接到我家裡度過聖誕節吧。

我知道她這樣做是有意讓我獨自冷靜下來，好好考慮今後要面對的事情。而我知道戴玉明三代同堂，住在薄扶林一棟環境優美的花園別墅，而她的一家人都喜歡我的小兒女，對他們很好。讓他們到戴家去，可以不受海星的事情影響，熱熱鬧鬧，快快樂樂地度過聖誕節。所以，我感激地同意了。

與此同時，我和羅海星的媽媽，以及弟弟們召開家庭會議，商量今後的對策。因為我們對羅海星出事的前後經過一無所知，所以首先希望羅海雷在大陸通過熟悉羅海星的所有朋友，作一些有關的調查了解。

就在聖誕節當晚，中央電視台於全國新聞聯播節目上，報導了羅海星等香港支聯會派出往大陸救助民運人士的「罪犯」們，被公安機關正式逮捕的消息。還展示出從羅海星身上搜到的「罪證」：兩張往返香港、深圳和廣州的火車票，還有一本記事簿，上面記下香港支聯會成員岑建勳、司徒華等人的電話號碼。

我瞪眼盯著電視屏幕上那些明顯過於簡單的「罪證」，卻也禁不住從心內冒出一陣陣的寒意：這些都是甚麼東西啊？真是誰也說不清。我暗自慶幸沒有把孩子留在家裡，避免了他們看到這污七八糟的東西，羅海星不可擔當的罪名……

但我心底裡始終很清楚的知道，羅海星根本不是支聯會的人，他所做的，只不過是送過信，「協助」了一下而已。

但是按照大陸公安機關的慣例，罪犯在拘捕未判決期間，家屬是不得探視的。現在唯一可做的，就只能是等待了。

等待，不知何時有結果的等待，就如黑暗的深淵，無邊無底，把人心一點點吞噬。

一天，我無意中在房間外面，聽到了九歲的女兒和六歲的兒子在房間內的對話：

女兒：「你知道爸爸為甚麼現在還一直不回來？」

兒子：「媽媽不是說他上大陸做生意去了嗎？」

女兒：「那不是真的，爸爸被人抓走了。」

兒子：「嚇？為甚麼？我們去問問媽媽。」

女兒：「不要！不要！她不想我們知道，問了沒有用。我們就裝作不知道，千萬不要問媽媽，你懂嗎？」

兒子：「哦，我……懂……」

多麼敏感的孩子！多麼早熟的孩子！

我偷偷地聽著，心如刀割，卻也不敢走過去捅破那個自己最初擬下的謊言，縱使有滿目痛苦的淚水，也只能默默地流向心底的最深、最深處。

然而，在我最無助、最難過的時候，也有不少像戴玉明那樣的好朋友，紛紛向我發出慰問和支持的聲音，使我在寒冬中感覺到一絲絲的溫暖和希望。另外，我媽媽從廣州退休回來香港，與外婆同住生活，常常抽空幫助我照顧兩個孩子，也成為我重大的精神支柱。

遠在溫哥華的曾敏之表叔，差不多隔天就打電話過來詢問情況，又游說我和孩子移居到溫哥華去。但我覺得羅海星的事情沒有最後的結果，我是不能離開香港的，便婉言拒絕了。

羅海星因「黃雀行動」被捕

時隔九個多月之後，我接到羅海星從廣東粵北懷集監獄寄給弟弟羅海雷，再轉交過來的一封信。

羅海雷在大陸通過多種渠道的多方面查詢了解，才初步弄清楚羅海星案件的主要情況。

原來，羅海星在北京的時候，認識了作家老鬼（原名馬波），他原是上山下鄉知識青年，寫過長篇小說《血色黃昏》，書中血淋淋地揭露內蒙古生產建設兵團領導對知青的殘酷迫害。老鬼的母親也是著名的作家楊沫，其最出名的作品是長篇小說《青春之歌》，影響了中國幾代人。馬波和我的同父異母的哥哥周寧是北京大學的同學。在一九八九年的民主運動開始時，老鬼就一直熱心關注。至「六．四」武裝鎮壓發生之後，他離開北京，來到了香港，再輾轉去美國。臨行之前，他委託羅海星想辦法通過香港「支聯會」的協助，把他的好朋友，北京民主運動的主要成員王軍濤、陳子明等拯救出來，羅海星毫不猶豫地答應了。那時候，雖然羅海星自己不是「支聯會」的成員，但因為認識「支聯會」的重要人物岑建勳，相信能請對方幫得上忙。

老鬼離開香港後不久，羅海星接到電話，說王、陳的好朋友、北京大學經濟系的學生費遠，也是「六．四」事件倖存者，已經南下到廣州，帶有關王、陳二人的重要信息，希望羅海星立刻前去接應。

我後來才明白，這個人就是羅海星曾經興奮地說出「磨刀人來了！」的那一個所謂的「磨刀人」。

羅海星救人心切，遂即時上廣州去見費遠，接過對方指明要轉給香港「支聯會」頭面人物岑建勳的一封信。據說裡面有具體指出王、陳當時身處的地方，指望「支聯會」作出相應的安排，盡快把他們救出來。

一切似乎都很簡單、順利，羅海星從廣州回到香港，就馬上把那封信交給岑建勳了。

而就在那時候，香港「支聯會」正進行一個代號為「黃雀行動」的拯救中國民運人士的計劃，拯救王軍濤和陳子明等人的行動，自然而然也被納入其中。

可是，羅海星和岑建勳等人所不知道的是，費遠之前其實已經被公安機關捕過。由於他經不起拷問折磨，答應配合公安方面的行動計劃，誘捕逃離北京的民運人士。因此，費遠交給羅海星轉送岑建勳的那一封信，上面寫的全是假的信息，目的是引誘香港「支聯會」的人員入境，到時再一網打盡。

羅海星和岑建勳等人不虞有詐，結果就是完全中計失敗了。

與費遠交接過信息之後，羅海星和往常一樣地上深圳談生意。那天傍晚準備回香港的時候，還順便到東門買了一簍大閘蟹。但當他走到羅湖的出境關卡，一下子就被警方扣留了，並且很快押送到廣州市瘦狗嶺的拘留所。

就是這樣，羅海星以及「支聯會」派出去拯救王軍濤、陳子明的人員，陸續被國家安全局逮捕，全軍覆沒。

羅海星被捕之後的九個多月，先後囚禁在廣州、粵北各地三個不同的監獄。其間完全不准與外界聯絡，最後關在西村的看守所，才開始允許寄信給家屬。

他在信上沒有一個字提及自己的案情，主要還是報平安。他特別關心離別之後家中各人，特別是兩個兒女的情況。同時，也描述了他在看守所中的生活狀況：「我在此一切還好，每天一頓素，一頓葷，所內每月可購買食用品，有公仔麵、奶粉、餅乾、牛肉乾，最近天熱還有西瓜類，所以身體沒太大問題，每天早上七時起床，中午十二時午休，下午二時起床，晚上九點半休息，大部份時間幹些輕活，如淋花，其他時間可以看書，時間也過得快，你大可不必掛念……」

看來，他的獄中生活和心境還是平靜的。

在香港，有名的意大利裔神父甘浩望，從來都是在香港參加各種各樣的街頭抗爭，為民請命，最為人熟知的，是他曾經為漁家新娘上岸居住而奮力爭取，貢獻良多。著名電影導演許鞍華也把他的事蹟拍成電影故事片《千言萬語》，獲得許多獎項。有一天，甘浩望神父忽然自行走上我的家，提出可以為羅海星的案件提供幫助。他還坐言起行，翌日就在香港的街頭為羅海星靜坐請願，令人感動。

大約又過了半年之後，一九九一年三月四日下午二時二十分，我接到羅海星的弟弟羅海雷從廣州打來的電話，告知廣州市中級人民法院作出了判決：羅海星因犯「窩藏反革命分子」罪，判處有期徒刑五年。

這個不幸的壞消息，有如晴天霹靂，令我大大地被震撼、被痛擊，身心瀕於崩潰的狀態。

五年徒刑，出乎想像的漫長的刑期，所為何事？羅海星的案情，充其量只不過是扮演了一個「信使」的角色，這樣的判決實在太不合理了。

我勉強支撐起精神，向有關方面寫了一份申訴書。儘管明知這也是沒有用的，但還是要做最後的努力。

果然，上訴書很快就被駁回，法院維持原判。

羅海星隨即被轉移到粵北的懷集看守所服刑。

不久之後，他和我又恢復了通信，基本上都是通過羅海雷轉交的。我把兒女的照片和畫也轉發給他。

在回信中，他驚嘆女兒「已經長得像少女了，照片中的笑容，有點像蒙羅麗莎」。他又要求我給他提供《易經》之類的書籍，還提出要我去買些鮮花種籽給他栽種。

我當時簡直覺得難以置信，為甚麼要買花種籽？難道作為一個被囚禁的犯人，還要種花美化監獄嗎？真奇怪！後來才知道他是一個人住在大有院子的單間，院子中的空地可以種花，一來可以打發時間，二來可以美化環境。於是，我也應他的要求去做了，還多買了一些蔬果的種籽，希望他能種出可以改善生活，有實際收益的新鮮蔬果。

又過了一些日子，羅海星發現在看守所裡，只要你有錢，就可以委託看守的警員出外購買不同的食物。於是，我們就委託羅海雷把現金轉交給他。結果，羅海星告訴我們不時地可以一頓獨享一隻雞，或是一斤鮮蝦。中秋節的時候，他一個人吃了一盒月餅。但食品營養太高，又是高糖高油的，其實也不是甚麼好事，導致他出獄以後，得了糖尿病。

更危險的是，那一帶的地區，飲用的天然水中含有過量的放射性礦物質，對人體有致癌作用。曾經在那裡關押過的犯人，幾乎都會在十年至十五年後患上血癌。所以，那裡的看守警員飲用水系統是另外設計的一套特別過濾供水系統，與犯人飲用的未經處理的天然水不同。被囚人士如羅海星這樣天天飲用含有放射性礦物的天然水，就被漸漸地埋下了看不見的禍根。結果，羅海星在出獄後的第十五個年頭，患上了血癌。不過，這已是後話了。

羅海星被囚禁的懷集看守所內，大多數的犯人都是政治犯，包括早期被判十年徒刑的香港托派分子劉山青。自然還有與羅海星同案的李龍慶、黎沛成等。然而，令羅海星萬萬想不到的是，他還在那看守所裡面遇上了緣份奇特的一個人——那就是七十年代末期「李一哲」事件中的三大「主角」之一的王希哲。十一年前，羅海星曾經和其中一個「主角」李正天見過一面，就被內部審查了差不多一年。萬萬想不到，時隔十一年之後，他又「遇」上了素未謀面的「李一哲」案的另一個主要人物王希哲。在囚禁羅海星的房間與王希哲的房間之中，隔著一道一點五米高的牆，他們平時就靠通過敲響水管來通話，戲稱為「通電話」。就是這樣，他們二人常常交換對時事的意見、看書的心得，王希哲後來還請求羅海星教他學英文。

在家屬上訴被駁回的一個多月之後，終於可以安排分批探監了。羅海星的父親羅承勳提出，考慮到路途遙遠，第一批先由在廣州的羅海雷去，了解當地和羅海星所處的情況；然後、他和太太第二批從北京去探視；他因為考慮到我是單身女性，不方便獨自前往，就讓海星的三弟羅海沙陪同，第三批前往懷集去看羅海星。

於是，我們就按照他老人家這樣的安排去進行了。

在打頭陣的羅海雷去懷集看守所探視過羅海星之後，我覺得自己再也等不下去了，就打算在廣州會合羅海星的父母親，再一起去懷集的看守所探視羅海星。

萬萬想不到的是，就在這個時候，羅海星的情況驟然發生了戲劇性的大變化！正當我臨出門之際，忽然接到一個記者的電話，問我知不知道，李鵬總理剛剛對訪問北京的英國首相馬卓安説，很快就會假釋羅海星！

甚麼？假釋羅海星？這是怎麼一回事？

我如急墮入五里霧中，腦筋一下子轉不過來。

「你還不知道嗎？據李鵬總理説，羅海星有心臟病，所以出於人道理由，會讓他假釋……」

記者繼續在説，我已經無心聽下去，立即撥了羅海雷的手機號碼。

羅海雷告訴我這消息是真的，估計這兩天就會在廣州辦理羅海星的假釋手續，所以，他叫我暫時不要離開香港，等待他的通知再行動。

啊喲！竟然會有這樣急轉直下的變化！我很懷疑自己是不是在做夢！

很快地，我又接到好朋友許顯良的電話，他是《明報周刊》的記者，剛接到任務，要上廣州採訪羅海星獲得假釋的這個新聞。

這一切都是真的！此刻就在眼前發生，而且還在繼續演變，簡直就是比戲劇更戲劇化的突變！

兩天後，我接到羅海雷的電話，說羅海星已經從懷集的看守所轉到廣州西村的看守所了，看來上面是真的會放人了！因此，我可以馬上到廣州和他及他的父母親一起，準備去接羅海星出獄。

太好了！太好了！我這才從做夢的感覺中回到現實，立即趕去乘搭直通火車，前往廣州。

驚險與哄動，羅海星漫長的回家之路

火車一到站，我就直奔酒店，與羅海雷及他的父母親會合。

原來，已經有香港二十多間媒體，包括電台、電視台、報紙、雜誌派出的記者駐守在那裡，作為《明報周刊》記者的許顯良，自然也是置身其中。我們的朋友、作家馮偉才和王志軍也專程從香港來了，王志軍彼時從加拿大學成歸來，改名王智鈞，專門從事中國貿易，經常港、粵兩邊走。另外，羅海星在廣州的一些同學和朋友馬漢生、周肇森、歐陽穗文夫婦等也聞訊而來。

來自香港的記者抓緊時機，正在訪問羅海星的母親，他們不斷地追問，羅海星是何時患上心臟病的，病情嚴重不嚴重。

老實憨厚的羅太太一臉惘然，說羅海星一向都身體健康，未曾有過甚麼心臟毛病。

我立刻和羅海雷悄悄地交換意見：要提醒羅太太，凡是接受訪問的時候，都要小心一些，李鵬總理對英國首相馬卓安和記者說羅海星有「心臟病」，顯然是將之假釋處理的一個「理由」，也就是一個「下台階」，切忌「畫公仔畫出腸」，免得把事情都捅穿了，就搞砸了。我們作為羅海星家屬的每一個人，必須要統一好口徑。

當天下午，我們獲得通知，可以到西村看守所去探望羅海星。差不多同一時間，聚集在廣州的香港記者們聞風而動，分別乘坐著不同的交通工具，浩浩蕩蕩地尾隨著我們的汽車而往，把沿途的交通都阻塞了。

路程其實很短，我們很快就到達西村看守所。

經過門衛通報，不一會兒，羅海星就由一個稱為「黃科長」的獄警陪同，在會客室與我們見面。

闊別差不多兩年時間的他，曬黑了，也長胖了，頭髮剪得短短的，但是顯得精神奕奕，笑容滿面。我按捺住情緒的波動，儘量讓自己的外表顯得平靜，但一時之間，卻不知道從何對他說，又應該說些甚麼。

只聽見羅海星先開口叫父母親，然後對我說：

「你不要擔心，我應該很快就可以回家的了。」

我聞言點頭，心中稍為安定下來。

接著，他又告訴他的父母親，昨天黃科長請吃了一頓海鮮晚餐，很豐富，很好味。

我知道他是想儘量緩和與我久別重逢的緊張氣氛，但這也遏止不住我心中的焦躁之情：

為甚麼說放人又不放人？羅海星到底還要被關在這裡多久？真是急死人了！

當然，這是不能問，也不敢問的。

我只好努力壓抑下自己的心情，加入與海星和他雙親的寒暄之中去。

很快地，這一次的採訪就草草宣告結束了。

在回酒店的路上，我向羅海雷說出心裡的憂慮：為甚麼海內海外的公眾都知道羅海星即將獲得假釋的消息了，可廣州這方面還扣住不放？該不會又有甚麼反覆和變化吧？

羅海雷滿有信心地說，不會的吧，也許只是還要辦理一些手續……

但願如此！這真是夜長夢多，我們在酒店渡過了忐忑不安的一夜，一天，又一夜，所有留守的香港記者也都保持著高度的警覺性，緊緊地盯著我們在酒店中出出入入的一舉一動。

我也難免覺得更加困惑：怎麼搞的？羅海星假釋的手續有那麼複雜的嗎？難道兩日兩夜也辦不成？

終於，到了我上廣州的第三天早上，羅海雷在辦公室接到電話通知：當天十一時三十分到達西村看守所，可以即時放人。

於是，我們按照約定，依時前往。

這一次，果然不再需要等候了。羅海星乘坐的警方囚車先行開出，我們乘坐的汽車跟在後面，而在最後面，就是一連串不請自來的香港記者乘坐的各種車子。

只見羅海星乘著的囚車行駛了一段路之後，忽然停了下來，穿著便服的羅海星獨自下了囚車，再登上我們的汽車。

尾隨的記者有的即時下車搶拍照或錄影，路上的交通秩序登時大亂，引起路旁市民的哄動和圍觀，竟然出現了好像電影中有過的驚險鏡頭。

我們乘坐的汽車加速駛往酒店，不敢稍遲或停留。

這時，香港記者們一致表現出窮追猛打的專業精神，一刻也不肯放過。羅海星一到達酒店，記者們就一擁而上，採訪、拍攝，流水式地進行，一浪接一浪，再也停不下來。

一直到了午夜時分，我們才送走最後一批香港記者，羅海星方可躺下歇息。

第二天一早，我和羅海星母子，乘上第一班開往香港的直通火車，而二十多個香港記者也緊跟著同車隨行。

羅海星終於可以回家了！本來，從廣州開往香港的直通車，不用三個小時的車程，但這次回程我們要用三天三夜的時間，何其漫長！羅海星這時候才向我透露了一個「秘密」：原來，他應該是在我到達廣州的那一天就可以離開西村看守所的。只是那一個負責將他轉送的獄警，在懷集看所的證明書上漏蓋了一個公章，必須回去補辦。這其實也可以一天之內往返完成的，豈料那傢伙半路中途順道回家探親，白白耽誤了兩天的時間。

「咁都得？」

我忍不住叫出了出來！居然因為這麼一個人，害得我們擔驚受怕了三天三夜，也令那些記者們在廣州多滯留了那麼多的時間，他們的開銷也必定會超出了老闆原來的預算吧？這些帳又應該算在誰的頭上？

「算了，那個獄警在懷集看守所對我都不錯，而且他想家心切，這是可以理解的。我們就原諒他吧，不要再計較那麼多了。」

羅海星寬宏大量地說。

唉！即使是不原諒，要計較，那又可如何？總之，只要羅海星能安全踏上歸家之路，就萬事大吉了。

第七章

唐寧街十號見英揆

• 周蜜蜜與羅海星在英國

行車兩個多小時後，直通火車平穩地駛入香港紅磡站，只見月台上已經有大批的記者和朋友，以及一些市民在等候。最引人注目的，是一位西裝筆挺，金髮碧眼的英國人。他微笑著走上前，迎接剛剛步出火車車廂的羅海星，畢恭畢敬地遞上一張賀卡，說：

「首相祝賀你回到香港。」

原來他是港英政府的副政治顧問柏聖文，代表的並非香港港督，而是英國首相。

羅海星向他道謝之後，我們便立即乘出租車回家。只見在我們的住宅單位樓下，已聚集了大批的記者和市民，大有一時空巷之勢。他們都把羅海星視作凱旋而歸的英雄，我卻很害怕這樣暴露在眾目睽睽之下，真係恨不得有一個無人的通道，可以立刻鑽進去躲避而過。但是這根本就是不可能的事。連續幾天幾夜，聚集在我們家上下的人群、來訪的記者絡繹不絕，羅海星和我都不能好好地休息。而孩子們和海星親熱過一番之後，都不得不尷尬地躲避著陌生的外人，我也完全和他們感同身受，真正體驗到做新聞人物的難處，毫無私隱，暴露於眾目睽睽之下，實在是非常可怕的啊！

不過，在此同時，我們也感覺到香港人情的溫暖：報攤的小販，認出羅海星，專門為他挑選和留備有關報導的報紙和雜誌；而我們屋苑的家庭醫生和瑪麗醫院的醫生，都免費給羅海星檢查身體和診症，甚至連我和孩子的醫療費用，也減收一半，只說羅海星是他們心目中有情有義的大英雄，他們堅持要以自己的方式方法向他致敬。

羅海星回來香港的第二天，還發生了一件「奇事」：我在家中忽然接到一個電話，對方開口就稱呼我作「阿嫂」，繼而又自報身份是懷集看守所中負責看守羅海星的獄警。

「獄警」？真可怕！我被大大地嚇了一跳，他為甚麼要這樣打電話給我？

豈料，他接著說，他在一本名為《香港風情》的流行雜誌上看過我寫的文章，覺得很好，因為他自己也是一個愛好讀書的文學青年，所以認為我寫得不錯。

「不過，我沒有把這件事告訴海星，也不會向他透露你那篇文章的內容。」

他的口吻有點神秘兮兮的，我一時之間，也不知道說甚麼才好。我寫的那一篇只是一個短篇小說，故事內容都是虛構的，那個獄警也應該明白的吧，實在用不著這樣神秘。奇怪的是他竟然可以這麼直接打電話給我，還說三道四的，實在令人百思不得其解。不過這也只是無傷大雅的事情，我並沒有把它放在心上，一笑置之算了。

幾天之後，我在英國的大妹妹周欣欣向我和羅海星發出了她的婚禮邀請，我們商量了一下，決定馬上訂機票，前往參加。同時，也準備順道去法國探望羅海星的二弟羅海曼和弟媳婦 Ute，一齊旅遊散散心。

•1994年，羅海星、羅孚、作家鍾阿城和周蜜蜜在香港科技大學

怎麼到了唐寧街十號見英國首相

羅海星是第一次到英國，因此，在旅途中看見甚麼都感覺新奇。入秋的英格蘭大地，呈現出一派田園牧歌式的安逸。

我們按照原定的行程，首先去曼徹斯特大妹妹周欣欣的家，參加她的婚禮。小妹妹周豐豐和丈夫汪昌俊，還有分布在英國各地的同學、朋友們，都紛紛趕過來了。因為周欣欣是屬於八十年代中國開放改革後，首批從廣州來英國的留學生，她從大學讀到博士後，一直都是在校園裡生活，所以，婚禮儀式的所有一切，都是由學院裡的同學同事們操辦的，場所充滿了年輕人的熱鬧氣息和活躍氣氛。他們幾乎把鮮花市場的所有鮮花都搬回來了，從新房到禮堂、到專用的轎車，全都被裝飾得花團錦簇。由於遠在異國他鄉，沒有甚麼高齡長輩出席，舉行婚禮儀式時，新人的大學師生朋友們，都近乎在玩搞笑遊戲般放任自由。當司儀出口行令：「一拜天地」，讓新人雙雙跪下；然後再令：「二拜高堂」，我和羅海星一下子就升級為「高堂」，正襟危坐地接受一對新人拜了。在場者笑聲四起，我們也無法合得攏嘴。

婚禮之後的蜜月假期，妹妹和妹夫們帶領我和海星遊覽蘇格蘭，一路湖光山色，美景不斷。

當我們盡興而回，曼徹斯特妹妹家中的電話錄音，出乎意料之外地竟然有英國首相馬卓安的秘書留言！英國人真厲害啊！就連我們這樣的「遊客」，也能「追蹤」得到！

羅海星打電話回覆，對方即時說，英國首相馬卓安知道羅海星到英國來了，因而特別想邀請我們下一個星期到倫敦唐寧街十號首相府一晤。

到唐寧街去見英國首相馬卓安！這是我們完全意想不到的。

一來是出於禮貌，二來也出於謝意，羅海星自然是答應接受邀約了。但是，我們一點兒準備也沒有，羅海星連一套正式的服裝也沒有帶來。為此，我們只好就地取材，馬上去市中心的商場購買。卻原來這也不是一件容易的事情：衣服的款式、型號選對了，但是尺碼不行，衣袖和褲腳都要改造。而這裡的服裝商店售後服務落實得比較慢，改衣服起碼要三天時間以上，實在是趕不及了。怎麼辦呢？

「找阿冰來幫忙吧。」

我的大妹妹周欣欣説。

阿冰是誰？是神通廣大的萬能解難者嗎？

非也。阿冰是我妹妹的好朋友，也是從廣州來的留學生。她原本就是珠江電影製片廠的服裝師，在衣服改造方面，具有很專業的水準。

於是我們買了西裝，回家就託付於阿冰了。好一個阿冰！為了趕時間，連夜開動縫紉機，把衣服改造得有如給羅海星量身訂製一般，令我們喜出望外。

第二天到了倫敦，我們在妹妹的同學 Janice 家投宿，住一個晚上。她與家人是香港的新界移民，對我們非常熱情。

翌日早上，按照原定的安排，我們直奔唐寧街十號首相府。Janice也同行。

接下來，與馬卓安首相的會晤經過，羅海星有作詳盡的記錄：

「到了唐寧街，只見街口建了一大鐵柵，高三、四米，估計是一種保安設施。因聽說早些時，曾有恐怖分子從街外往唐寧街發射迫擊炮，炮彈飛入街內，幸而未炸。鐵柵開一邊門，有兩位警官值班，但似無武器。我逕去自報姓名說與首相有約，其中一位警官禮貌地向我取過證件看後，接著打了一個電話，不到一分鐘他便啟門讓我與妻子及友人一起進去，也不作任何檢查。此時我正為如何安排陪我們的友人頗費躊躇，因為人家一路陪我到此，讓他站在大街守候這種事我做不出，但讓她一起去又不知是否方便。但見對方並不打算數人數。我把心一橫，三人一起進了唐寧街再說。

首相府所在的是十號，離街口不過幾十米。到門口已見兩位和電影中常見穿著筆挺的接待人員侍立，見我走過去便問是否羅先生。然後即領我入地下大廳。因我們早到，便領我們進後邊的接待室稍候。小室不算大，十多平方米，陳設簡潔大方。有幾把古式的椅子，兩張桌子及一架靠牆小書櫃。牆上有畫，桌子上擺了些外國元首所贈的禮品做擺設，其中印象較深的有美國總統所贈的一塊罩在玻璃罩下的月球石，是美國太空人首次登月所取。書櫃內陳列一些有關治國平天下的政論書，均前人所著。接待室一頭是一扇明亮的大窗，可見後花園一片如茵綠草和樹木，令人有隔世之感。

不久，一位年輕的官員進來把我們領到二樓另一間房，馬卓安先生已在並握手寒暄，在旁守候的記者則開始拍照。然後首相對記者笑著說先到此為止，等會到門口再照好嗎？我們便轉入隔壁的房間。這是一間較大的房間，有幾十平米，一頭放置一張辦公桌，旁邊的是幾扇明亮的大窗，光線從桌子的右側進入，很適宜辦公。另外幾面靠牆的是一些書櫃。在辦公桌的旁邊的一圈淺色天鵝絨古式沙發，一大兩小，中間是茶几，也是仿古式樣的，我們便在此坐下。唐寧街的建築是古老英國建築，所以樓底很高。四壁貼上暖色調的壁紙，底色呈淡淡的灰藍色，顯得莊重而不浮華。牆上除了用些名畫裝飾外，並不顯得格外的輝煌。我特別注意到的是沒有金光燦爛的眩目。然而正是這種格局讓人感到了雍容大度，不易忘懷。

坐下後，我向馬卓安首相表示了謝意，他便問我來英多久，印象如何？我說，我是到英國參加親友的婚禮的，已到了半月餘。參加婚禮後我們去了蘇格蘭玩了幾天。蘇格蘭與英格蘭的風貌並不相同，高原地區的湖光山色很美也很開闊，令人心胸為之一廣。大約在秋季的緣故，風很厲害，好像香港颱風的情景。要說對英國印象最深刻的事，因為甚麼都是新鮮的，這是我首次赴英，但我對英國四處充滿的綠色印象極深。英倫土地都是一片片茵綠的草地。鋪在半球狀的臺地上，令人陶醉，環境美極。想起數年前長駐中國北京，尚在北方及西北旅差，漠漠黃土比目皆是，令人難受。對比之下，中國水土流失嚴重，所以說英國給我留下第一個不可磨滅的印象是英國的綠。首相聞言開心地笑起來，並請我繼續四處玩玩，我說既然來了，少不了要盡情瀏覽。馬卓安先生又問起我的牢獄生活。我說，就我本人而言，總的來說受到的待遇是可以的，尤其是今年六月調監之後，但精神上因單獨囚禁和隔絕卻難以忍受。我相信與我同案處理的另外兩位港人李龍慶和黎沛成應受到類似的待遇。首相聽後表示會繼續與中國有關當局交涉，努力爭取他們也能早日還家。我表示很高興聽到首相的話，令人感到寬慰。

馬卓安先生然後右轉向我的太太，詢問了她的工作以及這兩年她的生活等。我太太也一一作答。

接見期間，英國國會議員 Mr. Alastair Goodlad 父子也參加會晤。Mr. Goodlad 在我被囚期間曾應我弟弟海雷之請替我進行過斡旋。我對他父子深表謝意。

值得一提的是我們的友人也和我們一起參加了會晤和留影。在會晤結束後，首相送我們一起下樓並在門口拍照。朋友 Janice 因事前沒打算會參加，故她是一身留學生的打扮。只穿了牛仔褲。這時她顯得頗為侷促，便與首相說很抱歉，首相拍拍她的肩膀笑著說，沒關係，沒關係，這不是很好嗎？

可能有人會說，這是政治家的作態而已。我想如果都這樣『作態』，這個世界豈不顯得更溫情一些？難道這不是我們希冀一種人與人的關係嗎？」

簡簡單單，走到命運註定之處

從唐寧街十號首相府出來，我們信步走到了附近的海德公園。

秋陽高照，氣候宜人。

這個英國皇家的最大公園，也是有名的政治民主活動場所。在平凡的日子裡，有一些過著平凡日子的平凡百姓們在悠閒地活動。

我們剛剛去過的唐寧街十號，原本是在這次行程之外的，那也應該是原本在我和羅海星的生命進程之外的吧？但我們就這樣簡簡單單地進去了，並且和本屆的英國首相輕輕鬆鬆地面談了，這又似乎是冥冥中的預設程式，相當微妙的命運安排。無論如何，個人的況遇總是和時代的歷史聯繫在一起，往往都是不以人的意志為轉移的，又總是那麼難分難解地糾纏著，牽扯著，令人措手不及，無處可逃。想當初，我迷迷惘惘地走入惠吉西二坊二號，從認識羅海星的時候起，就不斷感受到政治的風波衝浪，因而令我不由得對政治的厭惡和冷感與日俱增。在離開惠吉西二坊二號到香港去的時候，我決心從此遠離政治，自由自在地過自己喜歡的日子。殊不知六．四天安門傳來的吶喊和槍聲，激揚起我心內的最後一點熱血，到底還是不能冷眼旁觀，羅海星他則更甚，表面上看是水波不興，其實內裡已是熱血沸騰，最後還不顧一切地全身投入！但結果又如何呢？他一片熱誠，一心要把民運人士從牢獄中救出來，到頭來自己卻身陷囹圄，反而要靠這素昧平生的英國首相出言救贖，讓我們不由自主地在唐寧街十號留下命運的腳步。這也未免太諷刺了！歸根結底，當今之世，中國人總也離不開政治、政治、政治，甚至還會變成國際博弈的棋子，被捲入滾滾而來的歷史洪流，殘酷無情的政治危機，詭異莫測的外交風雲之中⋯⋯

從廣州的惠吉西二坊二號，到倫敦的唐寧街十號，羅海星和我走過的人生路，究竟有多麼漫長，多麼曲折，多麼艱辛，實在是無可估量的！

這時候，一個上年紀的英國大叔，手拿著一個破舊的照相機向我們走過來，說是要為我們拍照，然後再伸出手要錢。

羅海星大大方方地順應他的要求，當即給了他十英鎊，同時寫下我們的香港住址，讓他以後把照片沖曬好再寄過來。

「難道你真的相信他會拍得好照片，還會給我們寄來不成？」

我大不以為然地對海星說。那麼一個無業遊民似的英國大叔，你給他錢就算了，為甚麼還這樣輕易地相信一個完全陌生的人，給他住址做甚麼？

羅海星說他也明白對方是出來「搵食」的，給一點現錢，就算是接濟一下他吧，希望他還有一點良心，到時真的會把照片寄還給我們。當然，即使他不寄回來，那也不過是一點損失，不成甚麼大問題。

我無語了。容易信任別人，願意成全別人，這就是羅海星固有的性格吧。

隔天，我們又接到外相韓達爾的邀請，到他的辦公室去見面。那是因為我們的好朋友、電影導演張澤鳴的太太 Catherine 拉的線。她是香港《南華早報》的記者，家人和韓達爾是世交。而她的父親曾經多次向韓達爾反映羅海星的情況。

於是，我們和張澤鳴夫婦，以及Catherine的父母一起到外交部去見韓達爾先生。汽車開到大門口，看見有一位中國青年人，瑟縮站立在寒風陣陣的鐵閘旁。原來，他就是在BBC電台工作的曹捷，專門前來等候羅海星做訪問的。曹捷小學時和羅海星的弟弟羅海雷是同班同學，後來到英國讀大學，畢業後進入BBC電台任記者。而他的父親和海星的父母親，以前同在香港《大公報》共事。彼時Catherine的母親看見曹捷衣衫單薄，恐怕他受寒染疾，便即時拿出帶來的一壺熱湯，先讓他喝了。曹捷後來回香港發展，用陶傑的筆名寫文章，聲名大噪，有「香港第一才子」之稱。

我們與外相韓達爾先生的會面也相當愉快，他原來還是一個作家，送了一本書和有簽名的照片給我們。

在英國的最後一天，我們還接到了前首相、保守黨主席戴卓爾夫人的邀請，想讓我們去黑池保守黨召開年會的地方一晤。但是，因為我們早已約好要去法國南部探望羅海星的二弟羅海曼夫婦，再也無法安排去黑池的行程，所以，只好婉言拒絕了。

數星期後，結束英、法之行，回到香港，我們居然真的收到陌生的英國大叔寄來海德公園的照片，只是質素十分差劣，卻也無從計較了。

一九九三年春節前夕，羅承勳獲發一次過的港澳通行入境證，從深圳羅湖重返香港。羅海星與羅海雷向香港政府打過招呼，到羅湖的入境處閘口迎接父親，過程出奇的順利。當天中午，我們一家人在銅鑼灣天后廟道新東方台住宅歡聚暢飲，慶祝離別香港十年之後的一家之主羅承勳重新回歸。及後，大批記者聞訊而至，掀起了一番「羅孚回歸」的熱潮。

香港電台特別邀請羅海星與父親羅孚拍攝《羅家父子》的電視特輯，將他們十年時間所遭遇的事情，前前後後的都用影像呈現出來。在拍最後一幕的時候，把我們一家三代人都召集到香港山頂上去採訪拍攝。站在那居高臨下的山頂一隅，俯瞰著香港、九龍兩岸的景物，感覺有如置身魔幻之境。我與羅家父子真的在這個繁盛蕪雜的人世間進出過、生活過嗎？花非花，霧非霧，人生實在苦短！

從惠吉西二坊二號，到唐寧街十號，我認識了羅家父子，也不由自主地隨著他們一路前行，這是多麼曲折離奇、刻骨銘心的一段人生歷程啊！我們卻跌跌撞撞，歷盡艱辛地走過來了！這也許就是羅海星注定的命運，不堪回首，又令人感慨萬千！

……

•1994 年，羅孚與作家吳祖光（右）在香港

後記

海星逝去

二〇〇四年夏天，女兒在哈佛法學院念完了碩士學位，海星和他的父親羅孚都非常高興，當即決定，要去參加她的畢業典禮。

於是，海星和我，陪伴著他的乘坐輪椅上下飛機的父母親，經過長長的旅途，到達莊嚴典雅的著名學府。

畢業典禮隆重熱鬧，羅家三代人樂在其中。禮成之後，我們一起去探訪羅家的好朋友，名將龍雲的公子龍繩德先生和夫人。我的女兒有一段時間寄住在龍家，一直受到他們無微不至的照顧。當我們剛剛走進龍宅，海星和女兒從車上搬行李，突然間覺得力不從心，全身疲乏，龍先生見狀，立刻過去動手幫忙……

回到香港以後，海星的耳背後長出了一個無痛小瘤，去家庭醫生關朝翔伯伯的診所檢查。經驗豐富的關醫生馬上察覺海星的病情不尋常，當即轉介他到公立醫院做手術檢測。

到了二〇〇五年舊曆年的除夕之夜，海星的病理檢驗有了結果：他患上了一種罕見的慢性白血病。醫生指出，此種病沒有藥物可治，也不能做化療，唯一可試的是換骨髓。而一般病人，也活不過兩年的時間。

「兩年，再給我活兩年，這也夠了。」海星鎮定沉穩地說，與我的驚慌失措，正好相反。

兩年啊兩年，這怎麼會足夠？怎麼能足夠？怎麼能裝得下我們曾經有過的，或者是應將擁有的一切？我無言以對，腦子裡混混沌沌的，眼前彷彷佛佛又看到了那一條路——

這一條路，本是果園場裡一條很普通的路，窄窄的，剛好容得下兩個人並行。路的兩旁，是大片大片的梅林，還有一些矮矮的橙樹。正逢假期，四周靜悄悄的，我倚在廣播站的門口，向著路的方向張望。伴著一串清脆的自行車鈴聲，他出現了，很出力地騎著車，一頭的汗。我和他認識才不久，是香港《新晚報》總編輯羅孚的長子，向我毛遂自薦的義務英文老師羅海星。

那時候，他的正職是國家外貿公司的業務員。按理，他應該在設有空調的交易會談判間和外商洽談生意，簽訂合約，可他卻放下一切，身水身汗地百里走單騎，到遠離市區的鄉下，來看我這留守果園廣播站的「上山下鄉知識青年」。海星興沖沖地告訴我，他的父親羅孚從北京帶來了《天地一沙鷗》，只因文革還沒過去，英文讀物在內地很不好找。他還努力的為我翻譯成中文。

我們就那樣高高興興地在空無他人的飯堂裡一起吃了飯。然後，他一直等到我的廣播工作結束了，再讓我坐上他的自行車尾座，騎回市區去。他的「車技」還不錯，可是路窄，又凹凸不平的，難免令人戰戰兢兢。我緊張地低頭看路，真沒想到，這條路是如此曲折，如此難走。往後還有多少難走的路，我也數不清了，只記得有許許多多忘不了的片段、片段。

我和海星的雙親，還有大批尾隨的記者，浩浩蕩蕩的到廣州的公安部門去，要把他接回香港。有關方面親切接待，讓海星出來和我們見面談話，但是不准他離開。只說是手續還沒有辦好。等得不耐煩的傳媒，在外頭起哄，可也無濟於事。

我們唯有暫時告別，失望地折返酒店。他的父親羅孚，更是擔心不已。三天以後，海星終於能回香港了，引發出另一種轟動。不久，我在家接到一個意想不到的國內電話，一個聽起來非常陌生的聲音，首先向我道歉，說是他令海星推遲了回香港的時間，只因他身為粵北看守所的人員，在為海星辦手續的時候，被一些私事耽擱了。又自稱是我的小說讀者，這一點，海星是不知道的。他又說，粵北看守所一帶有放射性的礦區，地下水對人體有害，一般十到十三後年會影響人的免疫系統，他們以往有不少同僚先後病逝，所以，看守所的公職人員現在使用的是另外一套食水系統。

海星確診以後，他的四個兄弟姐妹都願意給他捐獻骨髓。經過化驗，只有最年幼的弟弟吻合所需。做手術的日子漸近，我陪海星去醫院的血科做檢查，聽見男人的哭叫聲，那是被抽取骨髓時忍無可忍的慘叫，令人聽來動魄驚心。我偷看海星的臉，他依然臉色不變。幾天後，他的心動脈管上開了一個大口子，是為移植骨髓準備的。晚上海星洗澡，讓我幫忙換藥。我揭開紗布，瞄見創口，心驚膽跳，兩手抖的厲害，他瞪眼說：「怕甚麼！快一點！」

我抖得連紗布也抓不住，只好讓兒子來，結果他也不行，最後，還是海星自己出手，想法穩住我們的手，艱難地完成了。

二〇〇五年七月三十日，就在他正式做了手術的第二天，醫生突然通知我，他不幸感染了肺炎，情況危險，要送到深切治療部。一個在場的男性朋友擔心得哭了，海星的父母親和兄弟姐妹匆匆趕來。我們一起進去，看到插上滿身喉管儀器的海星，他困難地呼吸，卻努力向我們點頭。

那一夜，我眼睜睜地熬到天亮。

海星又回到血科病房，微笑著告訴我：「我在深切治療部看到很多古怪東西，有人跳土耳其舞，還有人變魔術，如果寫出來的話，一定會比哈利波特還要精彩得多！」

我可一點也笑不出來。

二〇〇七年的春天，海星因感冒住院醫治。著名學者陳子明先生和夫人從北京來香港的中文大學演講，特別抽空到醫院探望海星，他們素不相識，卻又心靈相通，談得非常高興，還一起吃了一頓難以忘懷的「醫院飯」。

二〇〇九年夏季的一天晚上，查良鏞（金庸）先生宴請羅孚夫婦、海星與我。查、羅這兩位香港著名作家和報人，相識超過半個多世紀，把酒聊天，有說不完的話題。當查太太知道海星近幾年患病，甚為關心。隔天，查太太托人送來非常名貴的海參，讓海星補身體，濃情厚意，使人感動。我們要回禮，查太太卻執意不收。

「你要記住了，這些海參是查伯伯、伯母送的，不要隨便吃了。」海星叮囑。

「當然不會，你放心吧。」我説。

轉眼就是深秋，風寒刺骨。

「這個冬天來得早，也許會很難過。」海星皺眉道。

我心裡也像刮過一陣冷風。

後來，豬流感、肺炎病菌，就張牙舞爪輪番向他襲擊。

十一月，他入醫院不久，呼吸急促，就被送到深切治療部，第一次插喉搶救。

醫生表示沒有把握控制病情。

緊接著的幾天，許許多多朋友，從四面八方來看他，年歲最大的，是年過八旬的抗日英雄材叔，還有比他年輕很多的曹捷，也就是人稱香港才子的陶傑。

在深切治療部度過五天以後，醫生為海星拆除了呼吸器，他的說話聲音日益清晰，胃口大開。慈愛的曹伯母，不辭辛苦，一連幾天送來營養熱湯，海星喝得很歡快。更令他高興的，是曹伯母給他一本陶傑新作《流金千蕊》，因為有一個護士是陶才子的忠實粉絲！他對我說，出院後一定要好好感謝曹伯母，又再三囑咐我不要隨便吃了查伯伯，伯母送的海參，要等他出來，才妥善處理……誰會想到，他又再次插了喉，從此不再醒轉過來……

我一向不大認同甚麼集體回憶，認為每一個人的回憶，都應該是特有的，與眾不同的，那才是價值和意義所在，而又相信只有心靈互通的人們，才會保留共同的記憶。上述的種種片段，我卻能肯定，必是海星長存於心底裡的，特以為記。

——寫在羅海星十年祭

• 一家團聚

〈跋〉

你離去的
那一個寒夜
冷碎了
不知多少
人的心
歲月如風
遠遠飄去

不知你有否
乘風而歸
再駐足於
「孤魂亭」
細聽風中
傳送
那一首
如訴如泣的
《安魂曲》——

附錄

光影——我在電視台的日子

我曾經在香港的電視台工作過兩段時間：首段時間是一九八一年至一九八四年；第二段時間是二〇〇〇年至二〇〇三年。

前前後後不過只是數年而已，但那些日子，恍如屏幕上的光影，時不時地在我人生的記憶中閃耀，總也不會忘記，似乎永遠都不可消逝。尤其是最近這些人生喧嘩之聲逐漸減少，我的心緒如水般靜靜流淌的時候，回憶在電視台度過的日日夜夜，就像是腦海中的幻影浮光，揮之不去……

• 周蜜蜜在電視台

封小平與張立

那是始於我初到貴境的一九八一年，由朋友介紹，進入香港最早成立的第一個電視台——麗的電視台做編劇工作。二〇〇〇年，我再次回到闊別了十六年的亞洲電視台。這本來不是我的意願，只因為當時入主電視台的高層人士，間接認識我的丈夫，並且力邀他加入亞洲電視台工作。但我丈夫由於要陪伴父親移民美國，而且認為自己對電視台的工作不熟悉，所以轉由我再次入職亞洲電視台。

當我重新返回廣播道所謂「五台山」上的亞洲電視台大廈時，又聞到了那種長期積累的、似曾相識的舊日的味道，隱隱約約地有點令人不安。而這時候我的再次入職，職銜卻與第一次完全不同，名片上印的是「資訊統籌節目編導」。負責編導的，是和新聞有關的特別節目。

我原來並不認識封小平，只知道他是從國內來的企業高管。香港的媒體把他稱為「紅色資本家」，但有熟悉的朋友告訴我，他原是廣州的一個高幹子弟，做過上山下鄉知識青年，下放到海南島生產建設兵團。後來再回城，入讀廣東外語學院，也可說是我丈夫的同校學友。不過他後來是在粵港兩地從事地產行業，也取得了好的業績，其後才轉入電視台擔任總裁。

我的上司——資訊統籌科總監劉瀾昌帶著我去總裁辦公室，我第一次見到了封小平，他的個子不高，身材適中，兩道濃眉之下，露出十分自信的眼神。他向劉瀾昌問話，毫不客氣，對我還好，就說以後有甚麼工作上的想法和建議，可以上來直接對他說。後來我才知道，劉瀾昌也是去過海南島做知青的，後來參加過解放軍，又去過北京中國人民大學讀書，並且是封小平的老朋友。

那時候，亞洲電視因為買來的一套「百萬富翁」遊戲節目，令收視率大幅上升，還有一套外判的資訊節目《尋找他鄉的故事》，口碑和收視率都不錯，但除此之外，還有甚麼新的節目可以叫好又叫座呢？封小平正是為此而緊張。過不了幾天，他就讓秘書通知我和劉瀾昌上去總裁辦公室開會。

會議的時間很長，上上下下提了不少節目方案，都要一個又一個地討論。午飯的時間也不能離開，只是叫外賣飯盒。而封小平本人嚴格節食，中午只是吃一碟無油無鹽的青菜。其實他並不胖，要減肥也是減無可減的。記得他曾經提議做一個專門講第三者的節目，因為他說宋慶齡就是最大的、最成功的第三者。他認為差不多所有第三者都是勝利者，因為她們總是比較聰明和美貌的，所以才能「揮低大婆」，盡佔上風。這樣的見解，我還是頭一次聽聞，未免感到有些驚詫。

這時候，電視台的高層又有了新加入者，就是能說會道的張立。此人其貌不揚，說話發音也不是很純正，但是很會所謂「吹水」，即是誇誇其談。他在電視台設立了一個名為「平常談」的節目，全是一個人包攬，突然間就竄紅了。雖然有不少人批評說他的內容太普通平常，尤其是知識分子都不喜歡，說張立講的一套就是「阿媽係女人」那麼平常到不能再平常的簡單無聊道理。但不知為甚麼，他就是有很多的聽眾，一時之間，大行其道，出版社還把他的節目內容不斷地編成書籍出版。不過也有一些文化人很討厭他，比如創作小豬麥嘜故事的謝立文，甚至寫了一個《張立死了》的麥嘜故事來諷刺他。大多數人都不知道張立的來頭，就連電視台裡面的人，也只知道張立和封小平是因為一起去上國學大師南懷瑾的課程而認識的。其實我卻知道張立的一些底細，他原名張仰燕，曾經入讀廣州市二中，後來到北京人民大學讀書。由於他的父母是在廣州的出版社任職，文革時期曾經和我的母親在同一個幹校。母親曾經告訴我，張立的母親思想很左傾，是所謂的「馬列主義老太太」。這話不知道怎麼被我的小兒女聽到了，卻又聽錯了，以為是有人叫做「馬列豬」，覺得很有趣。後來張立一家搬到我的家附近住，張立帶著他的兩個女兒來找我，讓我的兒女和他們一起玩。我的兒女後來也曾經去他的家玩，回來告訴我見到了「馬列豬」，嚇得我出了一身冷汗，立刻叫孩子們不要亂講話。張立的適應能力很強，初來香港的時候找不到工作，做過地盤工和石油氣站的工人，後來又去炒股票，輸了錢再入報館做記者。他在《信報》總編輯林行止手下做過，得到林的賞識，讓他寫專欄。他有時因為去大陸做生意，趕不及寫稿，就叫我的外子代筆，署名仍然是張立。

有生以來見過最多的人民幣現鈔

接下來，亞視上下的人，要把所有力量集中在大型資訊紀錄片《開發大西南》的拍攝製作工作上。所謂大西南就是廣西、雲南、四川、貴州、西藏等幾個地方，正逢中國要在這些地區大舉開發資源，振興經濟。這一套節目就是要配合國策，到實地去採訪拍攝各地開發的情況。因此，我也被派遣參加拍攝隊伍之中。上司讓我自選一個地區前往，本來我很想去西藏，但又怕身體吃不消，最後還是選了從未曾好好回去看過的父親的老家廣西。

為了隆重其事，擴大聲勢，電視台請了很多香港的政要出席開拍儀式，其中有當時的政協主席霍英東，上司還專門要我為霍英東寫演講辭。

開拍儀式舉行之後，各路拍攝隊就浩浩蕩蕩地出發了。

我帶著廣西拍攝隊，乘上港九直通火車。我們的這個隊伍，除了攝影師和藝人（節目主持）林子博、龐秋雁之外，還有一位導演，是臨時聘請的，由加拿大回流，對國內的情況不大了解。一路上提出了不少問題，我也只能就自己所知勉強作答。

火車到達廣州終點站，天色變得黑暗，預示著一場大雨即將來臨。節目總監貓哥帶著我乘上一部出租車，去到電視台駐廣州的辦事處領取一路上所需的費用，總數是一百萬元人民幣。

一百萬元的人民幣現金！我原來對此全無概念，那時候的人民幣鈔票最大面額是十元，眼睜睜地看著辦事處人員把一百萬元的人民幣紙鈔，分放入兩個手挽的紙袋，再用舊報紙蓋上。天啊！這就是我有生以來看到最多的人民幣現金了。

由於趕時間，貓哥和我一人提起一個紙袋，立即離開辦事處，登上一輛出租車，直奔飛機場。霎時間電閃雷鳴，大雨傾盆而下。路面的交通漸漸堵塞起來。

我們乘坐的出租車完全停了下來，司機說：

「不行了，我的車子死火了，不能再開動。」

甚麼？這車死火了？我和貓哥互相對望，感覺很不好。我甚至閃過一個念頭：這個司機是不是知道我們拿著兩大袋現金，有不軌之意圖。老實說，如果他想下手的話，此其時也……

「你們快點下車，去找另一部的士吧。」

司機大聲地催促，打斷我的猜疑。

貓哥馬上拉開車門，和我一起下車。

滂沱大雨，即時把我們周身淋得濕透。卻也顧不了那麼多，我們各提著一大紙袋人民幣現鈔，狼狽地冒著大雨跑來跑去，穿插在那些堵塞滯行的汽車中間，幾經周折，才找到了一輛空載的出租車，趕緊鑽了進去。

那雨中換車的一幕，真是太緊張刺激了！我甫坐上車，驚魂未定，幸好車子終於衝破雨簾，及時到達機場。

和攝製隊人馬會合之後，貓哥把那一百萬元人民幣現鈔交給我之後，便離開了，而我和廣西攝製隊一行人登上飛機，飛往桂林。

在風雨中起航的這一個行程，實在是不簡單。我們即將要在廣西省全境拍攝一個月時間，上山下海、內陸邊境，無所不至，任務繁重。當地的自治區宣傳部派出負責協助（其實是監督）我們拍攝工作的幹部一路隨行。那是姓覃的一位年輕的壯族人，會講白話，語言溝通大致上沒有問題。後來我才知道，他和我的一些親戚相識，而他也比較好脾氣，只是拍攝隊的任何拍攝項目，都要按照原定的計劃做，不能有臨時的加多或減少。有一次，我們在路上遇到一個私人的礦井發生了意外，導演很想做一個現場的拍攝訪問節目，但被覃先生堅決制止，二人發生了衝突，經過一番爭辯，導演才憤憤不平地放棄了。

我們差不多每天都要換一個地方拍攝，必須隨身攜帶現鈔，給投宿的旅店支付費用，因為那時根本沒有支票，即使有也不會在民間中使用。當地人只會收現鈔，而且大多數旅店或者招待所都沒有保險箱，所有現鈔都只能帶在身上。這其實是很危險的，我把攜帶現鈔的任務，託付給攝影隊的男導演，他起碼是一個身強力壯的男子漢。

還有一次，我們到一個壯族的繡球之鄉拍攝，那裡的村民為了發財致富，幾乎家家戶戶不再種田務農，轉做繡球賺錢。所謂繡球，就是在電影《劉三姐》中，求愛女子向心上人拋出的那種用布料加工，人手刺繡做的繡球。我們進入事前選定的一家去拍攝，導演把帶著的一袋現鈔交給我就去開工了。

由於要和主持人對稿，又要觀看拍攝，忙出忙外的幾個小時之後，拍攝工作完成了，大家一起離開那個壯族家庭，上車準備出發去酒店。我才發現忘記帶上那一袋鈔票，簡直要嚇壞了！急急忙忙下車回頭去取，好在那一袋鈔票並未被人發現，原封不待地放在那裡。真是上天保祐！我不動聲色地馬上拿起再回到車上，才發現自己全身已被冷汗濕透了。

但是想不到，更驚險的遭遇還在後頭。

驚險與驚豔

按照原定的計劃，我們要到邊境的德天瀑布去拍攝，這是一個著名的遊覽景點，瀑布一半在中國境內，一半在越南境內，四周圍環繞的都是青山綠水，風景優美，長年吸引了不少遊客前往觀光。但我們出發的那一天，下起傾盆大雨，道路變得泥濘不堪，汽車行駛的時候，變得就像過山車似的，顛簸得人心肝脾肺腎都好像要掉下來換位置了。所以我們被逼走走停停，時間大大地被耽誤，我整整遲了一天才到達目的地區的範圍內。半路上我忽然收到妹妹從美國打來的長途電話，她語氣緊張地說：

「姐姐，你怎麼了？還要帶隊去邊境拍攝德天瀑布嗎？剛剛有新聞報導說那裡一間路邊的酒店被塌陷的山泥推倒，有四個台灣客被活埋在裡面，非常危險，你最好不要去！」

我被嚇了一跳，一問覃幹部，知道那間酒店原來就是我們要去投宿的，那酒店半夜就被山泥沖倒，四個台灣遊客在睡夢中被活埋。這真是太驚人了！如果我們早來一步，也是會被山泥活埋的啊！後來我們經過那間酒店，四周圍都有民警看守，被封了起來。想著自己和拍攝隊的同事都是撿回了一條命，不知道應該是驚還是喜，其實就是驚多於喜的了！

我們在後來的拍攝過程中，也曾遇到了「驚艷」之事。那是去北海的著名海灣銀灘拍攝的時候。那原本是一個美麗的海灘，除了有自然的海景，還有新建的音樂噴泉，每年都會舉行有各國來賓參加的珍珠節，進行海產和珍珠貿易。而我們拍攝之際，看見有不少穿著泳衣，撐著遮陽傘，濃妝艷抹的女人在海中向男性遊客招手。原來她們是陪泳女郎。只要男遊客應許，她們就會飛撲過去陪伴下海玩水游泳，難怪也有人把這個銀灘叫做「淫灘」。

就這樣，足足拍攝了三十天，我才能和拍攝隊一起回到香港，回到家。彷佛歷盡了人間滄桑，就像一首歌唱的，「穿過喜和悲，跨過生和死。」

誰知驚險的工作，還遠遠沒有結束。那一年秋天，四川成都舉行一個國際電視節，邀請海外的電視台前往參加拍攝，公司派我帶領拍攝隊去大西南的四川部份補拍及新拍一些項目。我們如期出發了，拍攝隊其中也有兩個藝員主持人，就是袁文傑和饒林紅。

處於盆地地形的成都，入秋之後依然非常悶熱，空氣似乎凝止不動。我們去的第二天，就開始降雨了。按照原定的計劃，我們先去拍攝有成都歸谷之稱的綿陽長虹電子廠。汽車走了一半，突然雷電大作，風雨交加。汽車前窗的玻璃被石子般大的雨滴暴打，撥水器也無法運作，車子艱難地在山上的公路行駛。差不多下午才進入綿陽市區，只見到處是汪洋一片，落下的雨水已經浸到人膝以上，許多汽車死火，停在馬路上。我們的汽車也險些熄火。幾經周折，才開到了那間工廠的大門口，但是，大鬧門緊緊地關閉著。我下車去向門衛詢問，他說工廠已經停工，因為有幾個工人被洪水沖走了，領導都出去處理突發事故，今天不能拍攝了。真是太不幸了！我們冒著暴風雨和被洪水沖走的危險，千辛萬苦地來到這裡，結果是不能拍攝，白跑一趟了。跟在我們後面的一輛車，是芬蘭電視台的拍攝隊，他們聞訊即時怒罵起來，發洩不滿的情緒，但也無濟於事。我們只好掉頭開車回成都去。

過了一天，是去九寨溝拍攝。但是天雨不斷，當地的領導通知我們暫時不要出發，因為公路發生山泥傾瀉的危險事故，叫我們在酒店等候通知再定時間出發。如是者我們等了大半天，直至吃過午飯以後，接到通知說公路情況好轉，可以出發。我們立即整理行裝和拍攝設備，登車前往九寨溝。

汽車駛離成都市，漸漸走入崎嶇的山路。只見險象環生：山上的公路一邊是陡峭的山坡，另一邊就是滾滾而來的河水。因為連場大雨，令山泥大石不斷地從山坡上掉下來。我們的汽車經過一處山泥塌陷的地方，只見那裡停著一輛小汽車，車頂上有一塊巨大的石頭，把車身壓得扁扁的，真不敢想像，出事的時候把車裡的人壓成甚麼樣子了。

我們的車子在行進中，山坡上還有不少碎石和泥土墮下來，落在車上叮叮噹噹的響。也有一些修路工人，不時地把一段路面封起來，等山上的大石和泥土傾瀉過之後，再讓汽車通過。所以我們的汽車走走停停，幾乎是龜速地行進。

途中經過一個地方，有許多公安和軍人看守，我忽然接到了香港電視台上司的電話，說剛剛有新聞報導，前往九寨溝的公路上一輛滿載香港遊客的旅遊巴士墮入路旁的河中，被洪水沖去。上司叫我們的拍攝隊如果經過看到，即時將現場的情況拍下來，傳送給新聞部。我才知道那就是事故的發生現場了，但只見巴士在河下面，卻不見有人，而且那些看守著的公安和軍人根本不讓任何人接近，更不讓人拍，我們也不能例外，只好放棄了。後來才知道那些在旅遊巴士上遇難的香港遊客，差不多一個月以後，屍體被水衝到了成都，才能撈起來。

當天晚上午夜兩點多，我們的汽車才到達九寨溝。我為了證實自己的存在，給香港正在報館上夜班的董橋先生打了個電話，告訴他自己身處九寨溝，經歷過種種驚險鏡頭，打電話只是為了證實自己還在世上。他笑了。

翌日我們就在當地拍攝。九寨溝的風景很美，但遊客超多，拍攝隊的同事說，「仲旺過旺角銅鑼灣」。當我們拍攝的時候，有一個遊客走過來和我打招呼，才發現他是多年未見的朋友，想不到竟然在這裡相遇上。不期然有一些遊客在我們旁邊排起了隊，實在有些莫名其妙，問了一下才知道，原來他們以為我們是為遊客錄像的商業服務隊，真是令人哭笑不得。

最後一天我們要上黃龍灘景點拍攝。那裡海拔超過三千尺，電視台之前有兩個導演帶隊上去拍，但走到三分之二的山路時，因為有高山反應，都未能拍攝完就下來了。所以我們這次要補拍山頂的景點。我初上山時感覺還可以，就帶著拍攝隊一鼓作氣走上山頂，拍完以後，我和女藝員饒林紅忽然感覺頭很痛，呼吸不暢，這是高山反應來了。於是我們分別坐上兩架人力抬的滑竿座下山。一路上大雨傾盆，足足走了一個多小時，才到達山下的酒店，辛苦得氣都喘不過來，只能躺在酒店的床上吸氧氣。

見識解放軍與宋祖英

從成都回到電視台不久，適逢解放軍進駐香港五周年，電視台委派我去駐港部隊拍攝特輯節目。這又是一個前所未有的經歷。當時的駐港部隊都是很封閉的，在香港根本不和外界接觸。所以一般香港市民對他們都感覺好奇，甚至有些神祕。

我首先接觸的，是駐港部隊的一名高級參謀，他穿著便服，帶著一個幹事，到電視台來和我們商討拍攝的計劃。從外表來看，他戴著一副金框眼鏡，臉龐白皙，顯得文質彬彬，根本不像一個傳統中的軍人形象。他後來告訴我，曾在香港大學法律系旁聽了兩年的課程。我們要拍攝的駐港部隊五周年特別節目，也正是駐港部隊計劃預定為宣傳片的，包括駐港海陸空三軍五年來的歷程和現況，所以，部隊方面的領導也十分重視。

我們又去天馬艦的解放軍駐港部隊總部探訪了他們的司令。原來派駐香港的解放軍，是隸屬於前八路軍抗日殉國的狼牙山五壯士所在的部隊。在天馬艦的總部內，有一個特別的展覽，就是展示他們的戰鬥歷史、部隊傳統。我發現駐港的解放軍士兵，大多是俊男美女，尤其是女兵，個個年輕貌美，能歌善舞，他們在香港的主要工作，就是排練演出做宣傳。他們告訴我，這些女兵都是從國內的高中生畢業生裡招聘的，主要是文藝宣傳兵。如果完成服役期之後，她們退伍復原，會有很多航空公司搶著要人，聘請他們做空中小姐。

拍攝計劃敲定之後，我們首先去石崗軍營拍攝駐港空軍部隊。那個軍營裡面原來很大，有停機坪和廣闊的操場。我們去拍攝的那天，恰好是大陸著名的女歌星宋祖英來勞軍演出。在操場的舞台上，湖南土家族的宋祖英放聲高歌，唱她的首本名曲〈辣妹子辣〉，大受士兵的歡迎。尤其是這裡的軍營男兵居多，他們熱情高漲地不斷對著台上的「宋老師」歡呼喝采。

我們在實地拍攝了直升機的演習過程：一架直升飛機載著士兵從遠處飛來，從機艙口吊下一個個士兵，這些士兵即時跑步進入練靶場射擊。本人從來也沒有試過在飛行中的直升機底下穿行和活動，這一次卻親身體驗了，感覺非常刺激。

接著是拍攝海軍基地的情況，那是在昂坪洲的軍艦碼頭，前國家主席江澤民曾經在那裡檢閱駐港解放軍海陸空三軍部隊。我們到達基地，也上軍艦去拍攝訪問。

按照計劃，最後是拍攝駐港部隊的陸軍演習實況。原來在流浮山一帶有軍隊專門的演習場地，是前駐港英軍留下來的，其中的一個就像電視台的攝影間，裡面有種種模仿香港街道搭建的場景，仿真度非常之高。我們又拍攝了陸軍部隊在山頭野嶺的作戰演習。我和拍攝隊跟著解放軍陸軍的官兵們爬上了高高的山嶺，只見滿眼都是荒野的一片草綠。從上午一直拍攝到下午，中午就在山上野餐。由於考慮到安全的問題，駐港解放軍的食物都是從深圳直接運送過來的。我也和他們一起用餐，所吃的食物基本上是迎合部隊中大多數湖南籍士兵的口味，以辣為主，任何菜式都放了辣椒，有辣椒炒叉燒、辣椒燒乳鴿、辣椒炒菜、煎蛋等等，真是無辣不歡。事後我才發現，全個山頭上只有我一個人是女的，萬一有「三急」的話，真不知如何解決。幸好那一次沒有這樣的情況發生。

為董建華寫稿

外景拍攝完成之後，我們接著拍攝採訪的項目。主要是採訪當時特區政府的主要領導人，請他們談論解放軍進駐香港的意義。當時的特首董建華，是必然要訪問的。我們聯繫了特首辦公室的主任，安排具體的事務。他首先要我們交出訪問的題目，讓董建華審閱。其實我們拍攝的只是董特首出鏡五分鐘的訪問，全部問題也只有三條，本來以為很簡單。那三條問題其實也很普通，特首辦很快就通過了。拍攝的日子越來越接近，忽然接到特首辦主任的電話，要我們列出三條問題的標準答案來。吓？要寫答案？我以為自己聽錯了。但對方說是真的需要，還加了一句：「你們一定要寫答案交來的，要不然他（指董特首）怎麼會答呢？」

這是我生涯中從來未曾遇見過的事。但上司劉瀾昌說：「照辦，你就把答案寫給他吧。」

於是，我唯有按照自己的思路照寫了，然後傳送給對方。

到了拍攝的前一天，特首辦主任又打電話來，要求我們把答案寫成大字提示版，好讓特首在接受訪問的時候看得見。這對我來說，又是一大「驚聞奇聞」，結果還是照做如儀。

真正開拍的時候到了，我和拍攝隊按時到了特首辦公室。

特首辦主任出來迎接我們，又把我們領到拍攝的現場——會議室中去，指定那個主席位為拍攝時董特首落坐的位置。

導演看了看周圍的環境，認為那張椅子的椅背太高，想換成旁邊的另一張。

但主任先生大為緊張，拒絕道：

「千祈不可，特首只習慣坐他原來的椅子，別的座椅他絕對不能坐。」

導演只好作罷了。

接著，主任又拿出寫好的答案大字版，然後請特首出場拍攝。

一切就緒，我開始提問，但特首說不能馬上拍，因為他要先看清答案，而且不能三條問題連續拍，要看清一條，問一條，拍一條。

就這樣，我們等著他看答案、讀答案，拍一拍，停一停，一個上午就如此過去了，好歹完成了拍攝任務。

但我真想不到，要拍五分鐘的訪問，居然會這樣的麻煩費時。但拍攝隊中的攝影師告訴我，他們之前去特首的粉嶺別墅拍一小時的訪問節目，結果用上一整天的時間。相對而言，我們的拍攝還算是大致順暢的了。我實在無語。其實我認識董建華的妹妹金董建平，她創立了赫赫有名的藝昌畫廊，展覽過林風眠、趙無極、高行健等著名畫家的畫作。在高行健還未獲得諾貝爾文學獎的時候，她曾安排我到他的個人畫展做專訪，文章刊登在《亞洲周刊》雜誌上。金董建平對那篇訪問文章表示非常滿意，有邀請我去北京看畫展。沒想到她的精明能幹，與其兄董建華的處事能力，似乎有很大的距離。但被賦予重任的，卻偏偏不是別的甚麼人，而是他，這真是給香港人開了一個極大的玩笑！

後來我們還訪問了當時的保安局長曾蔭培，他的普通話講得出乎意料地好，拍攝過程也很輕鬆。另外也拍了梁愛詩、葉劉淑儀的訪問，她們都能說會道，拍攝工作頗順利。

解放軍進駐香港五周年的拍攝計劃完畢，除了在電視台的頻道播出之外，駐港部隊方面還專門製成了CD，他們表示很滿意，我也鬆了一口氣。

那天，張國榮……

後來，我也拍攝了少數民族生活的紀錄片。在二〇〇三年四月的第一天，忽然傳來張國榮在文華酒店跳樓自殺的惡耗，全香港的人都被震驚了。我憶起他在亞視的日子，萬萬想不到他的生命歷程怎麼會這樣短促！當年默默無聞的他，閒坐在亞視這裡的Canteen時，絕對不會想到這樣倉猝地選擇結束自己的一切吧？

想到這些，我的心裡特別難受。在電視機旁看新聞播映的貓哥，卻很直率地批評說：「他真不該這樣做，都已經名成利就，還有那麼多的青少年影迷，這樣自殺真是給青少年做了一個壞榜樣。」

我也不能不同意貓哥的話，在眾多的青少年把他視為偶像男神的時候，我們卻都看過了他處在人生最低谷的階段對人性的表現，實在也是很無奈。

翌日，我乘車前往香港大學副校長李焯芬的家拍攝他太太收藏的少數民族工藝品，經過文華酒店，看見當街的張國榮墮樓處放了很多影迷獻的鮮花，眼前彷彿浮現出人稱「哥哥」的姣好面容，曾慶幸他的自殺現場沒有被拍攝和公開，要不然會傷到多少人的心，而且傷口永遠也不會癒合……

不久之後，傳出封小平的公司欠債破產的消息。事實上，亞視有很長時間都是播放大陸企業的廣告，卻收不到那些企業應該繳交的廣告費。財務部的一個朋友告訴我，他們常常去大陸收數收廣告費，往往不但收不到，還會被人追打，非常可怕。

封小平宣布破產，張立很快離開了亞視。

就是這樣，二〇〇三年五月，我再次自行結束了在電視台的工作。

同年七月一日，香港爆發了百萬人上街大遊行，促請董建華特首下台。二〇〇五年三月十二日，董建華在第二屆任期未完的情況下，以腳痛為理由，請辭行政長官職務，獲國務院批准。按照基本法規定，由時政務司司長曾蔭權署理行政長官職務。

亂世孤魂——我與羅海星，從惠吉西二坊二號到唐寧街十號

作　　者｜周蜜蜜
責任編輯｜鄧小樺
執行編輯｜陳娉婷
文字校對｜林韋慈、周靜怡
封面設計及內文排版｜王舒玗
出　　版｜二〇四六出版／一八四一出版有限公司
印　　刷｜博客斯彩藝有限公司

二〇四六
社　　長｜沈旭暉
總 編 輯｜鄧小樺
地　　址｜臺北市民生東路三段 130 巷 5 弄 22 號 2 樓
電子信箱｜enquiry@2046.com
Facebook｜www.facebook.com/2046.press
Instagram｜@2046.press

讀書共和國出版集團
社　　長｜郭重興
發 行 人｜曾大福
發　　行｜遠足文化事業股份有限公司
網　　站｜www.bookrep.com.tw
地　　址｜231 新北市新店區民權路 108-2 號 9 樓
電　　話｜(02) 2218 - 1417
傳　　真｜(02) 8667 - 1065
電子信箱｜service@bookrep.com.tw
郵撥帳號｜19504465 遠足文化事業股份有限公司
客服專線｜0800-221-029
法律顧問｜華洋法律事務所 蘇文生律師

初版一刷｜2023 年 1 月
定　　價｜330 台幣
I S B N｜978-626-97023-0-5

國家圖書館出版品預行編目

亂世孤魂：我與羅海星，從惠吉西二坊二號到唐寧街十號／周蜜蜜作．-- 初版．-- 臺北市：二〇四六出版，一八四一出版有限公司出版；新北市：遠足文化事業股份有限公司發行，2023.01
面；　公分
ISBN 978-626-97023-0-5(平裝)

1.CST: 周蜜蜜 2.CST: 自傳 3.CST: 香港特別行政區

782.887　　　111021926